1-1

1-2

1-3

1-4

**1-1:** 『브루터스』(2000.11.1) '안도 다다오가 당신의 집을 지어 드립니다' 편집장: 사이토 가즈히로, 에디터: 니시다 젠타 **1-2:** 『브루터스』(1999.7.15) '이왕이면 일본인 없는 리조트로' **1-3:** 『메트로 미니츠』(2009.8) '도쿄 해피아워' 크리에이티브 디렉터: 스가쓰케 마사노부, 편집장: 와타나베 히로타카, 아트디렉터: groovisions **1-4:** 『안안』(1989.4.14) '섹스로 아름다워진다'

1-5

1-6

1-7

**1-5~7:** 『일본국 헌법』 '샤라쿠' 편집부, 쇼가쿠칸(1982) 제책 디자인: 마쓰나가 신

1-8

1-9

1-10

# CHINA

**A**cting in concert with 15 other magazines across the world, and working closely with the Chinese student resistance movement in Paris, THE FACE this month invites its readers to join in an international protest. On page 95 of this issue is a manifesto prepared by the students; on the following pages are a series of fax numbers in China. Using the fax machines that many of us now have access to, we are asking you to join with the young of France, Brazil, Italy, USA, Spain, Venezuela, Germany, Austria, Switzerland, Holland, Denmark, Sweden, Greece, Portugal, Belgium and Finland to bombard China with the students' message. The new technology gives us all a chance to make our protest felt. The fax you send will arrive at offices around the country to be passed around by hand and by word of mouth, undermining the Chinese government's attempts to suppress the truth about Tiananmen Square. Also this month, in this special section on China, we have the exclusive inside story of the student rebellion, told by two of its leading players. Read this and then use your fax. You have the technology to affect history

# NEW TECHNOLOGY
# OLD DOGMA

**1-11**

## THE FAX FOR FREEDOM

## 人民日報
## 人民的共同心願

**1-12**

**1-8~12:** 『더 페이스』(1989.12) 'Special 90s THE FUTURE ISSUE'
편집장: 셰릴 개럿, 표지 사진: 장바티스트 몬디노

1-13

1-13~15: 『리버틴스』 창간호(2010.5) 'Twitter 최종 안내' 아트디렉터: 요네즈 도모유키, 일러스트: 플로렌스 데이거스

1-14

1-15

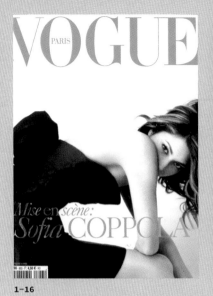

1-16

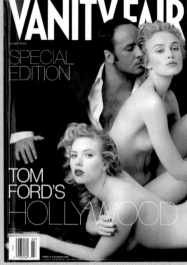

1-17

1-18

1-19

1-20

**1-20, 22:** 세드나위의 도쿄 촬영 컷
**1-21:** 세라노의 교토 촬영 컷

1-21

1-22

1-23

1-24

1-25

1-23: 『메트로 미니츠』(2010.10) '하네다 나우' 사진: 시노야마 기신

1-24, 25: 『메트로 미니츠』(2011.8) 'NEW 고향 투어리즘' 사진: 우메 가요

2-1

2-2

2-1: 『작은 악마 아게하』(2011.2)
'혼자 할 수 있는 사기 집중 세미
나' 편집장: 나카조 히사코
2-2: 『분게이슌주』(2011.1)

2-3

**2-3:** 세이부 백화점 '갖고 싶은 걸, 갖고 싶어요' 아트디렉터: 아사바 가쓰미, 카피라이터: 이토이 시게사토(1988)

2-4

2-5

2-6

**2-4:** 파르코 '새롭다면 다 괜찮아'(1990) 아트디렉터: 하라 고이치, 사진: 한자와 가쓰오, 디렉터: 이와시타 도시오, 카피라이터: 스가쓰케 마사노부 **2-5:** 파르코 '조금 위는 위가 아니야'(1990) 카피라이터: 스가쓰케 마사노부 **2-6:** 파르코 '사랑은 뒤따라온다, 파르코 크리스마스'(1990) 아트디렉터: 이노우에 쓰구야, 카피라이터: 스가쓰케 마사노부

2-7

**2-7:** 파르코 '아시안 컨템포러리'(1991) 아트디렉터: 다케시타 유키오, 캠페인 카피라이터: 스가쓰케 마사노부, 카피라이터: 후지와라 다이사쿠

2-8

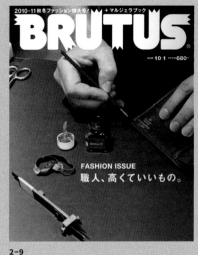

2-9

2-10

2-11

2-8: 『미츠 리저널』(2009.12) '도리노 도리코'  2-9: 『브루터스』(2010.10.1.) '장인, 비싸면서 좋은 물건'

2-10: 『컴포지트』(2001.1) '국제 편집회의'  2-11: 『컴포지트』(2002.4) '리세션 시크'

2-12

2-13

2-14

2-12: 『WWD』(2011.1.4.) 'Deco Delight'　2-13: 『WWD』(2010.12.28) 'Two Fur One'

2-14: 『WWD』(2010.12.14.) 'Cool Academy'

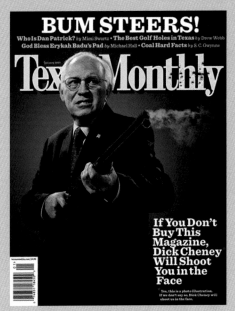

2–15

2–16

2–15:『텍사스 먼슬리』(2007.1)　2–16:『뉴욕 매거진』(2008.3.24.)

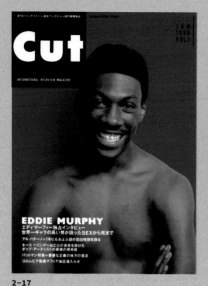

2-17

2-18

2-19

2-20

2-17: 『컷』 창간호(1990) 편집장: 시부야 요이치, 에디터: 스가쓰케 마사노부/다카다 히데유키, 아트디렉터: 시미즈 마사미, 디자이너: 나카지마 히데키　2-18: 『컴포지트』 창간호(1992) 편집장: 스가쓰케 마사노부, 아트디렉터: 나카지마 히데키/스즈키 마코토, 사진: 사이쿠사 사토시　2-19: 『인비테이션』 창간호(2002) 편집장: 스가쓰케 마사노부, 아트디렉터: 오하라 후미카즈(SOUP DESIGN) 사진: 쓰루타 나오키　2-20: 『에코코로』 창간호(2005) 편집장: 스가쓰케 마사노부, 로고 디자인: 노다 나기, 아트디렉터: lunch, 사진: 쓰루타 나오키

# BACKSTORY
The stories behind our stories

## AMERICAN IDOLS (from page 106)

*The Inspiration Equation*

Jeanne Moreau

+

Monica Vitti

=

Silver screen glamour

*Get the look*

Cathy Waterman's 22k gold and gemstone stacking rings, $1,300 to $2,135 each, at Barneys New York, New York, 212-826-8900.

Bally's alligator pump, $3,395, at select Bally stores, bally.com

Monique Lhuillier's silk Chantilly lace dress, $3,300, saks.com

## BRIGHTER SHADE OF PALE (from page 94)

*The Inspiration Equation*

Reclining Nude, by Dana Schutz

+

Vintage pinup posters

=

Sea, sex, and sun

*Get the look*

Marc Jacobs's cotton bra, $850, and brief, $925, marcjacobs.com

Louis Vuitton's Lycra bikini, $635, louisvuitton.com

Oscar de la Renta's nylon and elastane swimsuit, $525, at Oscar de la Renta, oscardelarenta.com

Pret-a-Surf's polyamide and elastane rash guard, $165, and bikini (bottom only shown), $325, at Opening Ceremony, openingceremony.us

## AQUA MAN (from page 46)

We're not suggesting that Olympic swimmer Ryan Lochte quit his day job, but if these sparkly sneakers—designed in collaboration with Speedo—are any indication, the guy's got a way with the BeDazzler.

118

**3-1**

---

**3-1:**『W』(2011,6) 'BACK STORY'
줄리아 로버츠와 톰 행크스 지면의 레퍼런스를 밝히고 있다.

3-2

3-3

3-2, 3: 『내셔널지오그래픽』(2008.5) 중국 특집
철저하게 계산된 다큐멘터리 사진

3-4

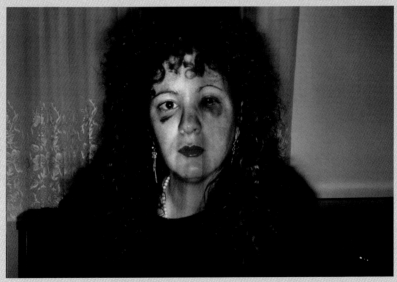

3-5

**3-4, 5:** 낸 골딘 『I'LL BE YOUR MIRROR』 슈타이들(1996)

3-6

3-7

**3-6, 7:** 데이비드 라샤펠 『LaChapelle Land』 채널 포토그래픽스(2005)

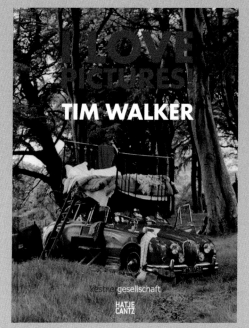

3-8

3-9

**3-8, 9:** 팀 워커 『I LOVE PICTURES!』 하체 칸츠(2008)

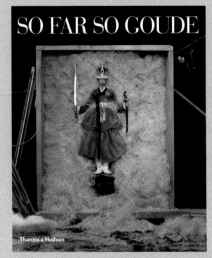

3-10

3-11

**3-10, 11:** 장폴 구드 『SO FAR SO GOUDE』 템스앤허드슨(2005)

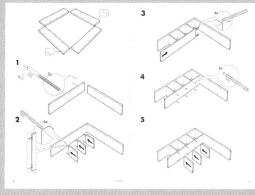

**3-12**

**3-13**

**3-14**

**3-15**

**3-12:**『EXPEDIT』이케아 책장 조립 설명서　　**3-13:**『빅 매거진』'Nick Knight-War No.18'(1997)

**3-14, 15:**『데이즈드앤컨퓨즈드』(1998.12)

3-16

**3-16:**『그래픽디자인 궁극의 레퍼런스』그래픽사(2010)에서
조지 로이스가 제작한 『에스콰이어』 미국판 표지들로, 명편집장 해럴드 헤이스와 콤비를 이뤄 잡지
황금시대를 일궜다.

3-17

3-18

3-19

3-20

**3-17:**『베니티 페어』(1991.8)　　**3-18:** 캘빈클라인 언더웨어 광고(1982) 사진: 브루스 웨버
**3-19:** 시슬리<sup>Sisley</sup>의 캠페인 이미지(2006)　사진: 테리 리처드슨　**3-20:**〈교토 재즈 매시브〉 포라
이프 레코드(1994) 크리에이티브 디렉터/아트디렉터: 스가쓰케 마사노부, 사진: 이지마 가오루

3-21

3-22

**3-21, 22:** 아사다 마사시 『아사다 가족』 아카아카샤(2008) 에디터: 히메노 기미

**3-23**

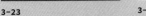

**3-24**

**3-25**

**3-26**

**3-27**

**3-23, 24:** 레오 레오니 『파랑이와 노랑이』 지코샤(1984)　**3-25~27:** 『컴포지트』(2003.4) '세계 동시 일러스트 혁명!' 편집장: 스가쓰케 마사노부, 에디터: 아라야마 게이코, 아트디렉터: 나카조 마사요시, 디자이너: 오하라 후미카즈/고지마 세이코, 일러스트: 르네 하베마쉐르/야니스 트시폴라니스/인라이트먼트 외

3-28

3-29

3-30

3-31

3-32

3-33

3-34

**3-28~34:** 『하퍼스 바자』(1993.12) 'Angel come down from heaven yesterday' 편집장: 리즈 틸버리스, 아트디렉터: 파비앵 바롱, 사진: 피터 린드버그, 모델: 앰버 발레타

리즈 틸버리스가 편집하고 파비앵 바롱이 아트디렉터로 있던 1990년대 『하퍼스 바자』는 언어(편집 주제)와 이미지(사진)와 디자인이 완벽한 조화를 이루는 편집의 정석을 보여준다.

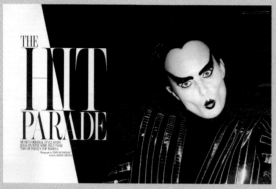

3-35

3-36

3-37

**3-35, 36:** 『W』(2011.7) 'THE HIT PARADE' 사진: 테리 리처드슨    **3-37:** 〈x-rex〉 파일 레코드
(1995) 아트디렉터/사진: 스가쓰케 마사노부, 모델: 이치카와 미와코

3-38

3-39

**3-38, 39:** 안드레아스 구르스키 『Andreas Gursky』〈퐁피두 센터〉(2002)에서. **38**은 시카고 선물거래소, **39**는 '천원숍' 격인 미국의 99센트 숍을 찍은 〈99 cent〉(1999)
이 작품은 소더비 경매에서 334만 달러에 팔렸다. 초저가 슈퍼마켓 사진이 세계에서 가장 비싼 사진이 되었다는 게 아이러니하다.

3-40

3-41

**3-40, 41:** 시노야마 기신 『Tokyo Addict』 쇼가쿠칸(2002) 에디터: 스가쓰케 마사노부, 아트디렉터: 나카지마 히데키

『Tokyo Addict』는, 쇼가쿠칸의 잡지 『사브라sabra』에서 5년간 연재한 다큐멘터리 '도쿄노출경東京露出鏡' 3년분과 『컴포지트』 및 미국 『하퍼스 바자』를 위해 찍은 프로젝트 사진에서 선별해 편집했다.

**41** '파라파라 댄스' 사진은 『하퍼스 바자』용으로 촬영했으나 탈락한 컷

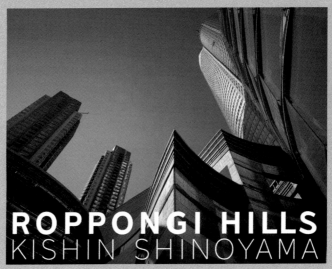

**3-42**

**3-43**

**3-42, 43:** 시노야마 기신 『시노야마 기신의 롯폰기힐스』 겐도샤(2006) 에디터: 스가쓰케 마사노부,
아트디렉터: 나카지마 히데키
롯폰기힐스 3주년 기념 사진집으로, 모든 사진을 8×10 카메라로 찍었고 61회 촬영을 통해 얻은
64컷의 사진이 수록되었다.

3-44

3-45

3-46

3-44~46: 『컴포지트』(2004.8) '상하이 컨템퍼러리' 특집 'Enter The Dragon Mode' 편집장: 스가 쓰케 마사노부, 사진: 키차 앨러드, 패션 에디터: 후시미 교코
상하이 시내 촬영 때는 주변 통제를 했음에도 구경꾼들이 난입하는 등, 통제에 어려움을 겪었다.

3-47

3-48

3-49

3-50

**3-47, 48:** 『인비테이션』(2003.3) '아소 구미코-일본영화가 그녀를 원하는 이유' 사진: 쓰루타 나오키, 스타일리스트: 시마즈 요시유키 **3-49, 50:** 유르겐 텔러 『Jurgen Teller』 타셴(1996)

3-51

**3-51:** 꼼데가르송의 잡지 광고(1988) 『이노우에 쓰구야, 세계의 그래픽디자인 시리즈 64』 긴자 그래픽갤러리 사진: 짐 브리트

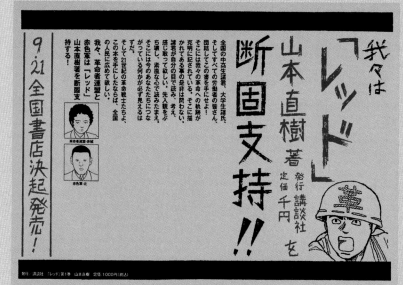

4-1

**4-1:** 야마모토 나오키 『레드』 고단샤코믹스의 선전 전단(2007)

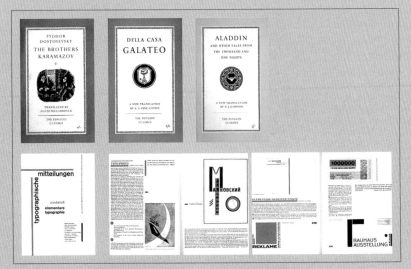

4-2

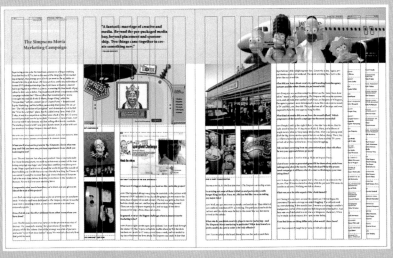

4-3

**4-2:** 노이에 티포그래피를 대표하는 얀 치홀트의 작품　**4-3:** 그리드 시스템의 사고방식

2, 3　모두 『그래픽디자인 궁극의 레퍼런스』 그래픽사(2010)에서

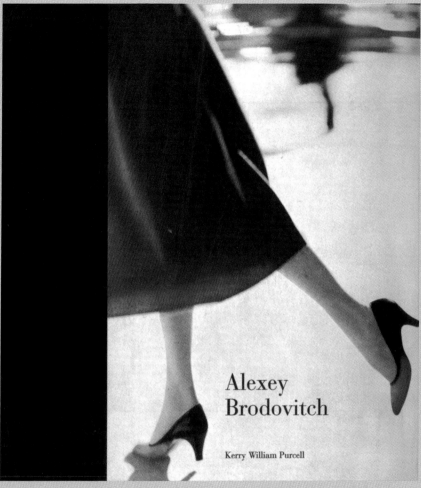

# Alexey
# Brodovitch

Kerry William Purcell

**4-5**

**4-6**

**4-4~6:**『Alexey Brodovitch』파이돈 프레스(2002)

4-7

**4-7:** 『보그』(1950.6)
리버만이 디자인했다

4-8

4-9

4-10

4-11

**4-8, 9:**『아이디』(2010/WINTER) 케이트 모스, 카녜이 웨스트 기사　**4-10, 11:**『컴포지트』
(2004.10) 영문 페이지 아트디렉터: 그레이엄 라운스웨이트

**4-12**

**4-13**

**4-14**

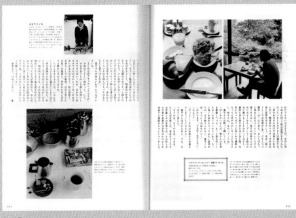

**4-15**

**4-12~15:** 『쿠넬』(2010.7) 아트디렉터: 아리야마 다쓰야, 사진: 아라이 아키코

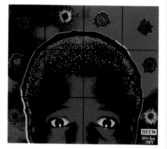

# love sees no colour

**4-16:**『더 페이스』(1992.5) 'Love sees no colour' 아트디렉터: 길버트앤조지　**4-17:**『하퍼스 바자』
(1993.8) 'Living Color' 크리에이티브 디렉터: 파비앵 바롱, 사진: 마이클 톰프슨

4-18

**4-18:** '컬처 스터디'의 네 타이틀을 4단으로 모았다. 상단부터 마쓰이 미도리 『'예술'이 끝난 뒤의 '아트』, 야마무로 가즈유키 『브랜드 비즈니스』, 오쿠보 겐이치 『양극화하는 세계 영화』, 나카마타 아키오 『포스트 무라카미의 일본문학』 이상 아사히출판사(2002) 에디터: 스가쓰케 마사노부/아사히출판사, 제책: 사토 가시와(SAMURAI) 사진 출처: 『편집천국編集天国』 피에북스 사진: 기타무라 미쓰타카

**4-19**

**4-20**

**4-21**

**4-19~21:** 『카사 브루터스』(2010.11) 'SANAA의 모든 것' 세지마 가즈요와 니시자와 류에가 세운
SANAA는 2010년 베네치아 비엔날레 국제건축전에서 디렉터를 맡기도 했다.

**4-22**

**4-23**

4-22, 23: 『마사 스튜어트 리빙』 (2006.4) 'Cream from farm to table'
새벽 해 뜰 무렵의 빛을 이용한 연출이 멋지다.

4-24

4-25

4-26

4-27

4-24~27: 『월페이퍼』(2010.11) 'TOP 200'

4-28

4-29

4-30

4-31

**4-28~31:** 『하퍼스 바자』(1997.3) 사진: 패트릭 드마쉘리에, 패션 에디터: 톤 굿맨, 모델: 린다 에반젤리스타

편집자, 아트디렉터, 사진작가가 빈번하게 만나지 않고서는 만들어낼 수 없는 실로 높은 완성도.

**31** 왼쪽 본문 위아래 여백과 오른쪽 사진 배경의 위아래 배색을 일치시킨 부분은 편집의 묘를 극적으로 살린 예다.

4-32

4-33

4-34

4-35

**4-32~35:**『에코코로』창간호 '아름다운 사람은 에코코로한다'(2005) 편집장: 스가쓰케 마사노부, 슈퍼바이저: 마에키타 미야코, 사진: 쓰루타 나오키(**32, 33**)/신도 미쓰오(**34**)/나카노 히로히사(**35**)

**4-36**

**4-37**

**4-38**

**4-36~38:**『더 페이스』(1999,12) 'Edward Norton: The real star of Fight Club' 아트디렉터: 크레이그 틸포드, 사진: 스티븐 클라인

이 시기에는 조명을 활용한 스티븐 클라인식의 어두운 분위기 연출이 크게 유행했다.

4-39

4-40

4-41

**4-39~41:** 『더 페이스』(2000.8) 사진: 장바티스트 몬디노

본 표지 뒤로 표지 더미가 두 차례나 등장하는 형식은 광고를 이동시켜야 하기 때문에 광고영업 담
당자가 매우 곤란했을 것이다.

4-42

4-43

4-44

4-45

**4-42~46:** 〈처음 만나는 자유〉(2000)
에디터: 스가쓰케 마사노부, 아트디렉
터: 오하라 후미카즈
담뱃갑 정도 되는 크기의 책을 붕대로
감았다. 영화도 팸플릿도 흥행에 성공
해서 증쇄를 거듭했는데, 붕대 감는 일
을 전담하는 아르바이트 구하는 게 일
이었다.

# You're all weak fucking peple!

# You peple are fucking sick!

4-46

4-47

4-48

4-50

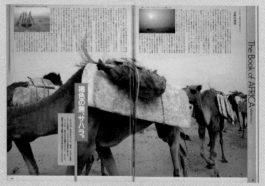

4-52

4-49

4-51

4-53

4-54

**4-47~54:**『브루터스』(1983.4.1.) '황금의 아프리카' 에디터: 오구로 가즈미,　사진: 나이토 다다유키

패션회사 '월드'와 제휴한 특집으로 표4 판권에 스태프 이름을 실었다. 특집 담당 편집자의 이름이

표4에 인쇄된 것은 잡지 출판 사상 최초일 듯

4-55

4-56

4-57

4-58

4-59

4-60

4-61

4-62

**4-55~62:**『베니티 페어』특별 별책 『Calvin Klein Jeans』(1991) 아트디렉터: 샘 샤히드, 사진: 브루스 웨버

제목 외엔 텍스트가 없는 구성. 메인 여성 모델은 미키 루크의 전 부인이었던 캐리 오티스

**4-63**

**4-64**

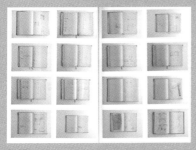

**4-65**

**4-66**

**4-67**

**4-68**

**4-63~68:** TRUCK FUNITURE 『MAKING TRUCK 가구를 만들고 가게를 꾸리는 그런 일상』 아스펙트(2006) 에디터: 야마무라 미쓰하루, 아트디렉터: 노구치 미카, 사진: 세키 메구미/TRUCK FUNITURE

트럭퍼니처를 애용하는 유명인이 자연스럽게 출연한다.　67은 야마자키 마사요시, 68은 요리 연구가 겐타로

4-69

別海スケート少年団白鳥

4-70

4-71

4-72

4-73

4-74

**4-69~74:**『날개의 왕국』(2005.1) '베쓰카이초 스케이트 소년단 백조' 아트디렉터: 기무라 유지, 사진: 오바타 유지

영상적 주제를 멋지게 지면화한 사례다. 손글씨를 삽입해서 과하게 세련되지 않도록 균형을 잘 맞췄다. 손글씨의 주인공은 단원인 소메타니 하나카로, 호빵맨의 오렌지색 머플러를 좋아하는 초등 2학년생이라고.

**4-75**

**4-76**

**4-77**

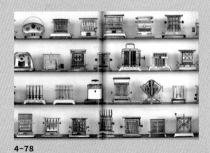

**4-78**

**4-75~78:** 『컬러스』 '컬렉터' 특집(2010.11/WINTER)

4-79

4-80

4-81

4-79~81: 『하나쓰바키』 지면. 『하나쓰바키와 나카조』 피에북스(2009)  79: (1991.10)  사진: 티치아노 마그니, 스타일리스트: 카린 로이펠드  80: (1993.1) '비비안 웨스트우드' 사진: 신디 팔마노  81: (2007.5) '꼼데가르송' 사진: 도미나가 도미오, 스타일리스트: 야마모토 지에

4-82

4-83

4-84

4-85

**4-82~90:** 『에스콰이어』 일본판(1992.9) '스티븐 킹, 어둠의 왕국으로' 편집장: 나가사와 기요시, 아트디렉터: 기무라 유지, 사진: 다카하시 교지
스티븐 킹이 사는 메인주를 직접 찾은 작가 가자마 겐지와 다카하시 교지의 탐방기가 이 특집의 백미. 다카하시 교지의 대형 카메라가 포착한 미국 교외의 풍경은 아무리 봐도 스산하다.

4-86

4-87

4-88

4-89

4-90

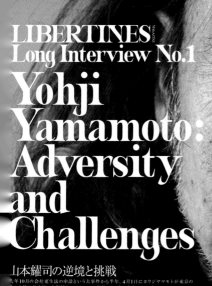

# LIBERTINES JAPAN
## Long Interview No.1
# Yohji Yamamoto: Adversity and Challenges

## 山本耀司の逆境と挑戦

昨年10月の会社更生法の申請という大事件から半年、4月1日にヨウジヤマモトが東京の
代々木第2体育館で大規模なメンズショウを開催した。実に東京では19年ぶりのメンズショウ。
フィナーレで登場した山本耀司に3千人を超える観客から溢れんばかりの拍手が沸き起こった。
そのショウの数日後、彼のアトリエで永遠の異端デザイナーは、ファッションの天国と地獄を
くぐり抜けた者だけが持つ凄みを持って、「ぶっ倒れるまで服を作り続ける」覚悟を語った。

文：菅付雅信　写真：田嶋一成 (mild inc.)
Text: Masanobu Sugatsuke　Photography: Kazunari Tajima

4-91

4-92

4-93

4-94

**4-91~94:** 『리버틴스』 창간호(2010) '롱 인터뷰, 야마모토 요지의 역경과 도전' 사진: 다지마 가즈나리, 에디터/글: 스가쓰케 마사노부

법정 관리 신청 직후 야마모토 요지 말하길 "패션 디자이너는 인기, 판매, 영향력 모두 1등이어야 합니다. 저는 '판매 1등'은 못한 사람이죠. '반항'으로 시작한 사람인지라".

4-95

4-96

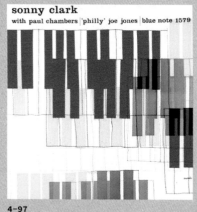

4-97

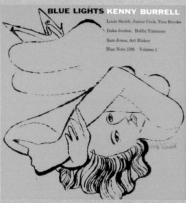

4-98

**4-95~98:** 블루노트의 앨범 재킷 모음. 순서대로 리 모건 〈Volume3〉(1957), 소니 클라크 〈Cool Struttin〉(1957), 소니 클라크 〈Sonny Clark Trio〉(1957), 케니 버렐 〈Blue Lights Volume1〉(1958) **98**의 일러스트는 앤디 워홀이 무명일 때 그린 것

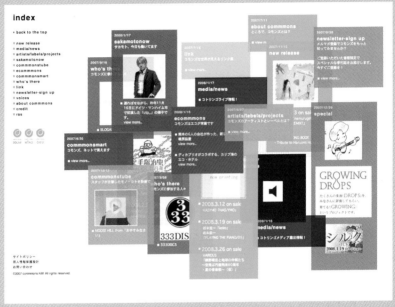

4-99

**4-99:** 커먼스 메인페이지 크리에이티브 디렉터: 스가쓰케 마사노부, 아트디렉터/디자이너: 무라카미 가이에(SIMONE)

4-100

**4-100~102:** 『디자이닝 오바마』 포스트프레스LLC(2010) 에디터: 스콧 토머스
버튼 배지부터 전용기까지, 버락 오바마 전 미국 대통령 캠페인의 방대한 비주얼 전략을 통솔하고
관리한 스콧 토머스와 그의 팀이 말하는 '대통령 만드는 법'. 기업 브랜딩 전략처럼 치밀한 전략과 계
산이 있었음을 알 수 있다.

*The Desk of John Halish*

John surrounded his work space with images from the campaign, inspiring graphics, and the many banners he designed on the campaign.

*Photos by Dale Spear*

4-101

*Obama Buttons*

Jon Wolfe amassed hundreds of buttons within campaign headquarters for just about anyone who wanted one.

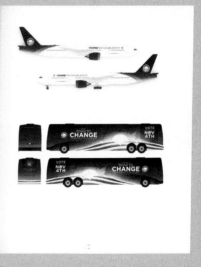

4-102

5-1

5-2

5-3

5-4

5-1: TOKYO FRONTLINE 전시회   5-2: 다케오 페이퍼쇼(2007) 전시회   5-3: 다케오 페이퍼쇼 도록 『PAPERSHOW』 마이니치출판사(2008)   5-4: 『PAPERSHOW』에 수록된 구사마 야요이의 트럼프

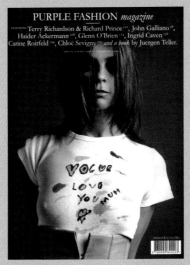

5-5

5-6

5-7

**5-5:** 로이펠드가 표지 모델로 등장한 『퍼플 패션』(2006/SS)　**5-6:** 타일러 브륄레, 『리버틴스』 2호 (2010.7) '숍 컬처 2010' 사진: 이케다 마사노리　**5-7:** '우카와 나오히로 인터뷰, 사건은 도뮨에서 일어나고 있다' 도쿄뉴스통신사(2011)

5-8

**5-8 : 콜레트 편집숍(2008) 인테리어: 가타야마 마사미치(Wonderwall), 사진: 다카야마 고조**

5-9

5-10

5-11

**5-9:** 타비 게빈슨, 『보그』 UK 인터넷판(2009.9.15)　**5-10, 11:**『머머 매거진』의 편집장 핫토리 미레이는 생활에 대한 관심이 많은 젊은 여성들의 롤모델로 잡지, 서적, 웹, 이벤트, 자체 제작 상품과 자신의 활동을 연계했다.

6-1

6-2

6-3

6-4

**6-1:** 메소포타미아 문명, 수메르 점토판. 기원전 2300년 무렵  **6-2:** 이집트 벽화. 히에로글리프(신성문자)의 탄생  **6-3:** 중세에 만들어진 것으로, 현존하는 가장 큰 성서 사본인 『코덱스 기가스』의 일부  **6-4:** 독일 스트라스부르크에서 요한 카를로스가 창간한 세계 최초의 신문 『렐라티온』(1605)

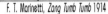

F. T. Marinetti, *Zang Tumb Tumb* 1914

6-5

6-6

6-7

6-8

6-9

**6-5:** 이탈리아 미래파 운동의 지도자 필리포 마리네티의 책 『Zang Tumb Tumb』 표지(1914). 오늘날 유명한 음악 레이블 ZTT의 이름은 여기서 유래했다.　**6-6:** 러시아 구성주의를 대표하는 아티스트 알렉산드르 로드첸코의 포스터　**6-7:** '바우하우스 전시회' 포스터(1923) 요스트 슈미트　**6-8~10:** 제2차 세계대전 중 출판된 일본의 대외선전지 『프런트』. 다가와 세이치 『전쟁의 그래피즘: 회상의 'FRONT'』 헤이본샤

6-10

6-11

6-12

6-13

6-11: 초창기 『보그』 표지(1914.7)    6-12: 아
트 폴에 의한 초창기 『플레이보이』 표지들. 브
라이어니 고메즈팔라시오/아르민 비트 『그래픽
디자인 궁극의 레퍼런스』 그래픽사(2010)에서
6-13: 『롤링스톤』 창간호(1967)

6-14

6-15

**6-14:** 『아이디』 창간호　**6-15:** 초창기 『아이디』 지면, 『SMILE i-D』 타셴(2001)

# 도쿄의
## 편집

# 도쿄의
# 편집

에디터·크리에이터를 위한
편집력 강의

스가쓰케
마사노부

はじめての編集
菅付雅信

항해

# 차례

## 1장 : 기획
### 기획이 느껴지지 않아야 좋은 기획

능동적 기획과 수동적 기획 ┃ 기획에는 목적이 있다 ┃ 기획에는 제약이 있다 ┃ 기획에는 클라이언트가 있다 ┃ 유통이 형태를 규정한다 ┃ 기획은 타깃이 중요하다 ┃ '새로움'은 기획이 된다 ┃ '제안'은 기획이 된다 ┃ 해피아워, 저녁 시간을 제안하다 ┃ '독점'도 기획이 된다 ┃ '도발'도 기획이 된다 ┃ '다시 제안하기'도 기획이 된다 ┃ 기획은 곱셈이다 ┃ 엮어 모으기만 해도 기획이다 ┃ 뛰어난 기획에서는 세계관이 느껴진다 ┃ 분산형 포트폴리오를 짜라 ┃ 기획과 캐스팅은 동시 진행 ┃ 게스트 에디터라는 이종격투기 선수를 활용하라 ┃ 의외의 캐스팅으로 참신함을 담아라 ┃ 편집자는 아무것도 못 하지만 무엇이든 잘하는 사람

## 2장: 언어
# 주목을 사는 도구로서의 글

독자는 다 읽지 않는다 ▎타깃에 따라 다르게 써라 ▎하루키도 과거에는 혹평받았다 ▎프로의 글에는 지루함이 없다 ▎그들의 언어를 우리의 언어로 바꿔라 ▎금기라도 '우리의 언어'가 좋다 ▎글은 꾸밀수록 지저분해진다 ▎도발하는 광고 카피 ▎유머는 중요하다 ▎군침이 도는 맛있는 제목 ▎가려운 부분을 긁어주는 통속적 카피 ▎기존 표현을 비트는 것도 방법 ▎SNS 시대의 카피 짓기 ▎베스트셀러 제목의 네 가지 핵심 ▎유행어는 부패한다 ▎쉬운 단어, 멋진 표현 ▎좋은 제목은 본질을 함축한다 ▎잘 읽어야 잘 쓸 수 있다

## 3장: 이미지
# 축적되어 촉발하는 이미지

하늘 아래 새로운 것은 없다 ▎타깃을 생각하면 이미지가 보인다 ▎타깃을 벗어난 상상력도 필요하다 ▎좋은 이미지를 만들려면 이미지를 축적하라 ▎명작의 배후에는 원작이 있다 ▎백 번 듣는 건 한 번 보는 것만 못하다 ▎이미지는 사실을 전달한다 ▎이미지는 거짓말을 한다 ▎이미지는 쉽게 설명한다 ▎이미지는 도발한다 ▎이미지는 공감하게 한다 ▎사진에는 없는 그림의 매력 ▎오마주로 온고지신 ▎이미지는 해상도에 따라 변한다 ▎상하이×패션×쿵후 ▎이미지는 거리감에 따라 변한다 ▎퀄리티·업데이트·리스펙트 ▎이미지에 설탕을 넣지 마라 ▎전달하기보다 촉발시켜라

# 4장: 디자인
## 디자인은 형식이 메시지다

---

# 5장: 인생 편집
## 편집은 넘어선다
139

---

## 6장: 편집의 아름다움
## 매력적인 원칙을 세우기 위해

원칙이 있어야 아름답다 ▎원칙을 만들고 깨며 인식의 지평을 넓힌다 ▎기존의 것과 미지의 것 ▎역사를 알고 타인을 이해하기

일러두기

- 이 책에 등장하는 음악, 영화, 브랜드, 서적명 등은 국내에 알려진 이름을
  기준으로 표기했고, 그 외에는 원제 그대로 옮겼다.
- 이 책의 모든 주는 옮긴이 주다.

들어가며:

인생 편집 시대를
즐기기 위해

우리가 보는 잡지, 전단, 광고 책자, 지라시는 물론이고, 늘 접하는 웹사이트, 앱, 전자책 같은 디지털 콘텐츠까지 모두 '편집'을 통해서 우리에게 전달됩니다. 각종 매체에서 읽고 보는 문장, 사진, 그림, 디자인 등에도 편집이 관여합니다. 이처럼 편집은 종이 매체에 국한되지 않고 새로운 매체가 생겨날 때마다 그 영역이 확장됩니다.

그렇다면 과연 편집이란 무엇일까요? 반생이 넘도록 편집 일을 한 저도, 여전히 이 물음에는 대답하기 어렵습니다. '음악은 무엇인가', '예술은 무엇인가' 같은 물음에 해당 분야에서 평생을 종사한 사람도 만족할 만한 대답을 하기 힘든 것과 비슷할지도 모르겠습니다. 하지만 계속 애매모호한 채로 있으면 일을 해나가는 데 지장이 있으므로, 저는 '편집'을 다음과 같이 정의합니다.

'기획을 세우고, 사람을 모아서, 창작하는 일.'

이 세 가지 일을 하고 있다면, 그것이 어느 영역에서 행해지든 그 행위는 '편집 행위'라고 생각합니다. 그렇다면 '영화나 광고도 편집 행위인가요?' 하고 물을 수도 있겠죠. 네, 이 일들도 편집 행위라고 저는 봅니다. 영화감독은 영상에 특화한 편집인이며 광고 제작자는 광고에 특화한 편집인이라고 할 수 있을 테죠.

이 책은 이처럼 넓고 넓은 편집의 세계 전부를 다루지는 않습니다. 이 책은 편집 일을 하고 있거나 이 일을 하려는 사람들을 위한 책입니다. 일상에서 늘 접하지만 제대로 인식하지 못하고 지나치는 편집의 세계를 설명하고, 편집 일의 매력을 알리는 게 이 책의 목적입니다.

태곳적 편집물은 복제물이 존재하지 않는 유일한 것이었습니다. 동굴벽화와 거기에 적힌 상형문자와 도안도 편집물이며, 유럽의 대성당 천장에 그려져 있는 프레스코화와 그것을 꾸민 다양한 장식도 명쾌한 의도를 가지고 만들어진 편집물입니다. 또 성서나 아시아 각국에서 볼 수 있는 족자 그림도 단 하나뿐인 편집물이죠. 이런 과거에 편집물은 재력 있는 권력자의 것이었습니다.

그러다가 인쇄술이 발달하며 편집물은 대중의 것이 됩니다. 책과 잡지, 신문이 대량 복제되기 시작했고, 전기 기술의 발전 이후로 매스미디어는 라디오, 텔레비전, 인터넷순으로 진화했습니다. 이제는 사람마다 자기 손안에 매체를 가지는 시대가 되었죠. 즉 편집이 민주화된 것입니다.

오늘날 편집은 모두의 것입니다. 음악의 3요소가 '멜로디, 리듬, 하모니'이듯, 편집의 기본 3요소는 '언어, 이미지, 디자인'입니다. 이 기본 요소를 잘 구사하면, 누구나 편집을 할 수 있습니다.

이 책은 편집이라는 유익한 기술을 다양한 분야에서 활용하길 바라는 마음으로 썼습니다. 군이 비유를 하자면 요리 레시피 같은 책이라고 할까요. 따라서 편집 관련 전문용어는 되도록 쓰지 않았습니다. 음악 편곡에 관심 있는 사람에게 갑자기 교향곡 편곡법을 알려주는 게 아니라, 삼인조 밴드라도 연주할 수 있도록 편곡 비법을 알려주는 마음으로 내용을 정리했습니다.

우리는 매일 편집하며 살아가고 있습니다. 블로그에 글을 쓰고, 트위터에 뭔가를 적고 페이스북에 글과 영상을 편집해 올리고 있으니까요. 이제 우리는 일상적으로 편집 행위를 하고, 그 결과는 불특정 다수에게 매일 공개됩니다. 오늘날 사람들은 자기 삶을 편집해서 발표하고 있는 셈입니다. 이게 좋은 일인지 그렇지 않은 일인지는 알 수 없지만, 살아가는 데 있어 예전보다 편집이 더 중요해진 것만은 확실합니다.

요리를 잘하면 그 자신은 물론 주변 사람에게까지 기쁨을 주고, 음악을 좋아하면 악기를 연주할 줄 아는 게 더 즐겁듯, 이 시대를 살아간다면 편집을 할 줄 아는 게 더 즐거울 것입니다. 적어도 저는 그렇게 믿습니다.

이 책이 지금 세상을 살아가는 사람과 앞으로 세상을 살아갈 사람들에게 소소하지만 쓸모 있는 가이드북이 되기를 바랍니다.

# 1장:   기획

기획이 느껴지지 않아야
좋은 기획

대체 뭔가를 '편집한다'라는 건 어떤 행위를 일컫는 걸까요? 아마 이를 두고는 사람마다 조금씩 다 다른 이미지를 떠올릴 것입니다. 누군가는 잡지나 일반 단행본의 편집 같은 책 편집을 떠올릴 것이고, 혹자는 카탈로그나 팸플릿의 편집을 떠올릴 것이며, 또 다른 이는 웹이나 전자책 혹은 광고나 이벤트 편집을 떠올릴 것입니다. 이처럼 편집의 영역은 참으로 넓고도 넓습니다. 이렇게 나날이 범위를 확장하는 '편집'이라는 행위를 저는 다음과 같이 정의합니다.

**'기획을 세우고, 사람을 모아서, 창작하는 일.'**

위 세 조건을 충족시키는 행위라면 그 일이 무엇이든 편집 행위라고 봅니다. 편집자 혹은 에디터라는 직함을 달고 출판 이외의 일을 하는 사람이 점차 느는 현상을 보더라도 위 세 가지 조건은 편집의 정의로서 적절합니다.

그렇다면 이 세 가지 편집의 조건 중에서 가장 먼저 등장하는 '기획'이란 무엇일까요?


## 능동적 기획과 수동적 기획

기획은 크게 능동적 기획과 수동적 기획으로 나눌 수 있습니다. 능동적 기획이란 편집을 진행하는 쪽에서 주제를 선정하고, 직접 원고 의뢰를 하고, 특정인에게 촬영을 부탁하는 일련의 자발적 활동을 말합니다. 반면 수동적 기획이란 글쓴이나 클라이언트에게 의뢰를 받아 진행하는 일이며, 편집하는 사람이 그들의 요구를 현실화해나가는 과정입니다.

언뜻 보면 능동적 기획이 더 멋지고 좋게 느껴질지도 모르지만, 꼭 그렇다고만은 볼 수 없습니다. 수동적 기획이 멋진 결과를 만들어 낼 때도 있으며, 직접 기획한 일이 시시하게 끝나는 경우도 많기 때문이죠. 텔레비전 광고에 쓰인 시엠송을 들어보면 주옥같은 곡이 헤아릴 수 없을 만큼 많은 반면, 직접 작사, 작곡, 편곡까지 했으나 끝까지 들어주기조차 힘든 곡이 적지 않은 것과 같습니다. 이처럼 능동적 참여가 꼭 좋은 결과를 보장하지 않는다는 점이 창조적 작업의 재미이자 어려운 부분입니다.


**기획에는 목적이 있다**

기획에는 반드시 목적이 있어야 합니다. 편집 자체가 '누군가에게 무언가를 매력적으로 전달'하려는 목적을 가진 행위이기 때문입니다. 그러니 그 무언가를 잘 전달하려면 기획을 잘해야 한다는 건 말할 것도 없습니다. 누구에게 무엇을 전달하려고 하는지 목적이 확실하지 않은 기획은 뿌리부터 흔들리게 되죠.

**'누구를 대상으로 무엇을 전달하려고 하는가.'** 이게 바로 기획의 원점입니다. 따라서 기획을 하다가 길을 잃으면 이곳으로 되돌아가야 합니다. 간혹 되돌아가도 방향이 보이지 않을 때는 애초에 원점을 재검토하는 게 좋습니다.

## 기획에는 제약이 있다

기획에는 반드시 제약이 따릅니다. 즉 예산, 일정, 인원 등 주어진 조건이란 게 있다는 말이죠. 예를 들어 종이 편집물의 대표 격인 잡지는 '매월' 또는 '매주'로 출간일이 정해져 있고, 내용에 따라 세상에 발표해야 하는 시점 또한 정해져 있습니다. 이것들은 정말로 중요한 제약들입니다. 당연한 말이지만 여름에 크리스마스 특집을 꾸밀 수는 없는 노릇이며, 겨울에 바캉스 패션을 다뤄봤자 아무 반향도 없을 테니까요.

또 예산의 제약도 있습니다. 편집 일에는 예산이 제로인 경우부터 몇억 엔 단위인 경우까지 있으니 이 점도 고려해야 하죠. 저는 대형 출판사 근무도 해봤고 인디 잡지를 발행하기도 했으므로, 초대형 프로젝트부터 저예산 프로젝트까지 골고루 경험했습니다. 심지어 개중에는 '미안하지만 그냥 좀 해달라'고 하는 일도 있었습니다. 물론 예산 없이도 방법만 찾으면 얼마든지 일이 되게 만들 수는 있죠.

편집 일이란 대개 저술가, 디자이너, 사진작가 등 여러 사람과의 공동 작업으로 이뤄집니다. 하지만 늘 최고의 스태프로만 꾸려지지 않는 것도 사실이죠. 유명 아트디렉터나 작가, 카메라맨은 그들을 찾는 데가 많으므로, 평소의 인간관계나 일정, 개런티 등 조건을 맞추다 보면 누구와 함께 일할 수 있을지는 얼추 정해집니다.

## 기획에는 클라이언트가 있다

기획할 때는 클라이언트도 고려해야 합니다. 편집물의 제작 비용을 대는 주체이기 때문이죠. 또 **편집이란 한 개인의 표현이 아니라 다중이 다중에게 보내는 표현**이기 때문이기도 합니다. 요즘은 기획부터 편집, DTP(전자편집), 디자인에 이르는 전 과정을 혼자 해내는 사람도 있지만, 일반적으로 편집은 공동 작업입니다. 이런 이유로 저는 편집이란 '개인의 한계를 인식하는 지점에서 출발하는 표현'이라 여깁니다.

여러 사람이 일로 모이면 늘 돈이 오가게 됩니다. 그래서 저는 외부 스폰서를 비롯해 돈을 내는 모든 주체를 클라이언트로 인식합니다. 이처럼 클라이언트가 생기면 편집물에 그의 의견이 반영되기 마련이고요. 아무리 자신이 전문가라고 해도 같이 일하는 동료나 돈을 투자하고 일을 발주한 클라이언트가 "이건 아닌 것 같은데요"라든지 "이 부분은 이렇게 해주세요"라고 말하면, 대화를 통해 일을 재검토해야 하죠.

이건 창작을 하는 사람이라면 누구나 떠안아야 하는 숙제입니다. 드물게 제작하는 쪽과 클라이언트의 의견이 일치해서 프로젝트가 행복하게 끝날 때도 있지만, 반대로 서로 의견이 첨예하게 대립할 때도 있으니까요.

여기에 만병통치약 같은 해결책은 없습니다. 이때 가장 중요한 태도는 일이 막힐 때마다 '이 편집물은 누구를 위한 것인가' 하는 원점으로 되돌아가는 일입니다. 제작 과정이 길고 복잡해지다 보면 **'편집자만을 위한 편집물도 클라이언트만을 위한 편집물도 없다'**라는 당연하고도 기본적인 사실을 잊기 쉽기 때문이죠.


## 유통이 형태를 규정한다

편집물을 많은 사람에게 전달하려면 유통 혹은 배급을 해야 합니다. 단행본이나 잡지라면, 일본에서는 도한トーハン이나 닛판日販* 같은 출판 전문 도매상이 서적과 잡지를 배본하며 출판사와 서점 사이를 잇습니다. CD 역시 전문 도매상이 음반사와 레코드숍 사이를 연결하죠.

가령 온라인상에서 음원을 판매할 때 아이튠즈 뮤직스토어 같은 음원 플랫폼을 통하지 않고는 많은 사람에게 음원을 알리기 어렵습니다. 영화도 마찬가지입니다. 일본 영화라면 도호東

---

* 각각 도쿄출판판매주식회사, 일본출판판매주식회사의 줄임말. 국내에서는 '북센'이 대표적인 출판 전문 도매업체다.

寶, 쇼치쿠松竹, 도에이東映, 외국영화라면 워너 브라더스, 파라마운 트, 폭스 같은 대형 영화배급사가 개별 영화관에 작품을 배급합 니다.

이러한 유통 과정은 미디어의 형태에 영향을 줄 정도로 그 힘이 막강합니다. 한 예로 전 세계적으로 잡지 크기가 A4보다 작은 이유는 발송의 편의성 때문입니다. 미국에서는 잡지 크기가 A4보다 크면 우편요금 할인이 적용되는 제2종 우편물에서 벗어 나게 되어 비싼 요금을 내야 합니다. 그래서 대체로 미국 잡지는 A4보다 크기가 작죠. 다른 나라 잡지들도 일반적으로 잡지 선진 국인 미국의 잡지 크기를 참조해 만들고 있습니다. 이처럼 **편집물 이나 콘텐츠는 유통에 용이한 형태를 추구하는 속성이 있고, 그 형 태에 따라 내용이 규정**되기도 합니다.

### 기획은 타깃이 중요하다

타깃은 기획의 가장 중요한 요소입니다. 타깃이란 수신인 이고 독자이고 시청자이며 소비자이기 때문입니다. 누구를 타깃 으로 정하느냐에 따라 편집 주제와 그 표현법과 사용하는 미디어 가 달라집니다. 이때 특정 타깃을 설정하는 것은 일종의 '제약'이 며, 어쩌면 가장 중요한 '제약'이라고 할 수 있습니다.

반복하자면 **기획의 주요 제약은 시간, 예산, 인원, 클라이언 트, 유통, 그리고 타깃**입니다. 그리고 편집 기획이란 그것이 능동적이든 수동적이든, 목적을 정하고 여러 가지 제약 속에서 최선의 결과를 도출해내는 일입니다.


## '새로움'은 기획이 된다

그렇다면 기획을 하는 구체적 방법에는 어떤 것들이 있을까요? 사실 그 방법은 기획자의 머릿수만큼 다양하지만 여기서는 가장 기본적인 기획법 몇 가지를 들어보겠습니다. 이 방법들을 조합해서 자기 나름의 기획법을 만들기를 바랍니다.

일단 **'새로움'을 전달하는 일이 기획의 기본**입니다. 여기서 새로움이란 '뉴스거리'가 되는 일을 말합니다. 가령 우리가 일상적으로 주고받는 대화를 한번 떠올려볼까요. "있잖아, 혹시 이거 알아? 저거 알아?" 하는 것은 일상 대화의 물꼬를 트는 가장 일반적인 방법이죠. 그러므로 사람들이 아직 모르는 내용, 즉 미지의 것을 알리는 일은 가장 기초적이고도 보편적인 기획법입니다.

세상의 모든 보도 매체는 이런 기획의 법칙에 따라 제작됩니다. 이때 보도와 편집은 겹치는 부분이 있지만 별개의 행위입니다. 보도의 기본은 '사실의 전달'이고, 그것에 요구되는 것은 '객관성'입니다. 반면 편집의 기본은 '정보에 의한 촉발'이며, 이때 요구되는 것은 '주관성'입니다. 물론 이 두 가지 일에는 많은 사람이 관여하므로 100퍼센트 객관적인 보도도 100퍼센트 주관적인 편집도 없습니다. 어디까지나 비중 안배의 문제이죠.

잘 살펴보면, 잡지에서는 '최신'이라는 단어를 자주 쓴다는 걸 알 수 있습니다.

- 특집: 런던 최신 가이드 (『피가로 저팬』, 2011년 8월호)
- 특집: 최신 유행을 알려면 뮤지션을 참조하자! (『보그 저팬』, 2011년 10월호)
- 특집: 여름 최신 스마트폰 총 20가지 모델 철저 검증 (『타임』, 2011년 6월 7일자)

이때 최신이라는 말은, 해당 내용이 독자에게도 말 그대로 최신일 때의 얘기지만, 독자를 끄는 가장 단순하고도 강력한 무기입니다. 이 단어가 이처럼 자주 쓰이는 이유는 어떤 매체든 항상 최신 주제로 이용자에게 다가가려고 안간힘을 쓰기 때문이죠. 하지만 말이 쉽지 실제로 그렇게 행하기는 어려우니 '최신 경쟁'은 점점 치열해지는 것입니다.

미디어 관련 일을 하는 사람에게는 대체로 정보와 이미지의 힘으로 세계를 업데이트하겠다는 강박관념이 있습니다. 그러므로 최신을 추구하는 것은 미디어의 기본원리이며, 어찌 보면 불치병입니다.

## '제안'은 기획이 된다

다음으로는 '제안'으로서 기획입니다. 여기서는 매거진하우스에서 1980년에 창간한 잡지 『브루터스BRUTUS』를 예로 들어보죠.

『브루터스』는 라이프스타일과 문화 영역에 특화된 제안을 하는 잡지입니다. 패션, 인테리어, 음식, 여행, 영화, 음악, 예술은 물론이고, 심지어 요미우리 자이언츠나 목장에 이르기까지 참으로 다양한 분야를 특집으로 다뤘는데, 이렇게 **다양한 분야를 아우르면서도 시대를 통틀어 일관된 태도를 견지**하는 게 이 잡지의 대단한 점입니다.

그 결과 『브루터스』에는 명 기획으로 화제가 된 특집기사가 대단히 많습니다. 그중에서도 제안을 명확하게 전달한, 제안의 본보기 같은 기획을 하나 들자면 2000년 11월 1일자에 실린 '안도 다다오가 당신의 집을 지어 드립니다'를 들 수 있습니다. 이 특집을 가장 먼저 꼽은 이유는 일단 제목이 매우 알기 쉽기 때문입니다. 집 짓는 데 관심 있는 사람이 이런 제목의 잡지를 서점에서 발견하면 두말할 것 없이 그걸 펼쳐보지 않을까요? 표지에는 커다란 타이포로 된 제목과 안도 다다오가 그린 집의 설계도가 실려 있습니다. 제안 방식이 참으로 명쾌하죠. (그림 1-1)

게다가 어떤 사실이나 현상을 취재해서 요약하고 정리하는 방식이 아니라, 제로 상태에서 잡지가 새로운 제안을 통해 뭔가 일을 벌인다는 게 이 기획의 매우 독특한 지점입니다. 이 잡지

자체가 새로운 사건의 발신지가 되는 셈이죠.

다음으로는 『브루터스』의 리조트 특집을 꼽을 수 있습니다. 이 특집의 제목은 '이왕이면 일본인 없는 리조트로'입니다. 이 특집호 또한 사람들의 주목을 끌었습니다. 많은 일본인이 자기가 가는 리조트에 일본인이 없으면 좋겠다고 생각하기 때문이죠. 마치 농담이라도 하듯 유려하게 정곡을 찌른, 참으로 훌륭한 제목이자 제안입니다. (그림 1-2)

## 해피아워, 저녁 시간을 제안하다

이번에는 제가 직접 참여한 기획의 예를 소개하겠습니다. 앞으로 몇 차례 저의 편집물을 소개할 텐데, 가장 좋은 본보기라고 할 수는 없지만, 기획의 전 과정을 겪으면서 느낀 생생한 현장성은 전달할 수는 있을 겁니다.

그림 1-3은 크리에이티브 디렉터로서 기획한 『메트로 미니츠Metro Min.』라는 무가지의 2009년 8월호 '도쿄 해피아워' 특집입니다. 저녁 5시부터 7, 8시까지의 시간을 해피아워라고 칭하고, 여러 식당과 제휴해서 고객을 모으는 기획이었습니다. 고객이 해당 시간대에 제휴 식당을 찾으면 음료나 식사 요금을 할인해주거나 해피아워 전용 특별 메뉴를 제공하는 것이죠. 영미권에서는 이미 정착된 이벤트입니다.

이 기획은 기업들 사이에서 일고 있는 '야근 시간 단축' 흐름을 반영한 것입니다. 제 아내가 근무하는 회사에도 '야근 없는 날'이 생겨서 그날은 오후 5시가 되면 반드시 퇴근해야 한다고 하더군요. 이런 흐름 속에서 여태껏 8시나 9시까지 습관적으로 야근하던 회사원들은 갑자기 생긴 시간을 어떻게 써야 할지 몰랐습니다. 어쩌면 이른 시간에 귀가하는 게 어색했을 수도 있죠.

이에 저는 오후 5시부터 밥과 음료를 할인된 가격에 제공하고 '해피아워'라고 홍보하면 일찍 퇴근한 직장인들에게 호응을 얻을 수 있으리라 생각했습니다. 도쿄의 오피스가에 해피아워를 정착시키기 위해 약 50곳의 식당과 제휴해 『메트로 미니츠』의 해피아워 특집호를 지참하면 식음료를 할인해주는 이벤트를 열었죠.

또 사람들을 끌어들일 수 있는 설득력 있는 '그림'을 얻기 위해 사진작가 시노야마 기신에게 의뢰해서 유라쿠초의 철교 아래나 새로 개장한 에비스요코초 등이 해피아워로 북적북적해진 모습을 찍었습니다. 해피아워에 대한 긍정적 인상을 사진으로 담아 특집을 꾸민 것입니다.

이 기획은 상당히 반응이 좋아서 2009년 8월호부터 2011년 8월호까지 3년간 계속되었습니다. 특히 3년째인 2011년에는 편집부와 여러 식당이 공동 기획해 해피아워 서비스만으로 특집을 꾸리기도 했죠. 앞서 예로 든 『브루터스』의 주택 특집처럼 이 특집도 잡지가 주도해서 일을 벌인 사례입니다.

## '독점'도 기획이 된다

잡지에서는 '독점 취재', '본지 독점!' 같은 제목을 흔히 볼 수 있는데, 특정 **취재 대상을 독점 취재해서 경쟁 매체보다 앞서 기사로 다루는 것도 편집 기획의 하나**입니다. 해외 잡지를 봐도 'exclusive(익스클루시브, 독점)'라는 용어를 빈번하게 사용하죠. 특히 열광적인 팬을 가진 뮤지션이나 배우 등을 다룰 때는 독점 수법이 무척 유효합니다. 최근에는 잡지에서 한류 배우들을 다룰 때 독점이라는 말을 표지에 넣는 게 마치 상식처럼 되었죠.

그중 특이한 예를 하나 살펴볼까요? 헤비메탈 전문지로 전 세계에 널리 알려진 『번!BURRN』이라는 잡지가 있습니다. 이 잡지가 팔리는 이유 중 하나는 해외 메탈 뮤지션의 독점 취재인데, 그 제목 중에는 이런 것이 있습니다.

- OPETH(오페스): 스웨덴의 현자, 데스메탈에 이별을 고하고 새로운 경지를 개척!
- TANKARD(탱커드): 신작을 출시한 독일의 엄청난 술꾼 스래셔스Thrashers를 직격!

독점하는 대상이 이별을 고한다느니, 새로운 경지를 개척한다느니, 엄청난 술꾼이라느니 참으로 '어마무시'한 세계입니다.

## '도발'도 기획이 된다

일본을 대표하는 여성지 『안안』은 1970년 창간 때부터 1990년대 초까지가 가장 흥미로웠던 것으로 기억합니다. 1990년대 초는 요도가와 미요코淀川美代子가 편집장으로 있던 시기로, 요도가와는 매거진하우스의 『올리브Olive』, 『안안』, 『긴자GINZA』의 편집장을 지내며 각 잡지의 황금시대를 연 전설적 편집자입니다.

그림 1-4는 요도가와 편집장 당시 화제가 된 '섹스로 아름다워진다'(1989년 4월 14일자) 특집입니다. 대담하고도 위험한 제목이었지만 결과적으로는 대성공이었죠. 자칫하면 경박한 농담 취급을 받을 수 있는 아슬아슬한 제목이었지만, 가네코 구니요시의 격조 있는 그림이 곁들여져서 품위를 지켰습니다.

이어서 소개할 것은 고이즈미 교코가 표지 모델로 섰던 '이제 머리를 깎자!'(1989년 6월 9일자) 특집입니다. 이 특집을 위해 고이즈미 교코는 실제로 머리를 깎았습니다. '인기 있는 여자, 인기 없는 여자'(1995년 4월 7일자) 특집도 도발적인 제목이었죠. 반발심을 일으키면서도 책을 들게 만드는 제목이었습니다. 이처럼 **도발을 가하는 것도 하나의 편집 기획으로서 유효**합니다.


## '다시 제안하기'도 기획이 된다

'다시 제안하기' 기획이란 것도 있습니다. 모두 이미 알고 있는 사실을 다시 살펴보는 기획이죠. 사람들이 다 아는 것이라고 해도 **다른 시점과 취향으로 가공해서 내놓으면 기획**이 됩니다. 사람들이 알지 못하는 걸 전달하는 것만이 기획은 아니니까요.

다시 제안하기 기획의 쉬운 예로 쇼가쿠칸이 1982년에 출간한 『일본국 헌법』이라는 책을 들 수 있습니다. 당시 큰 화제를 모은 이 책의 내용은 그저 일본 헌법의 조항뿐입니다. 그러나 마치 사진집처럼 텍스트와 사진을 교차 편집하는 등, 시각적 측면에 무척 신경을 써서 무려 약 100만 부나 팔려나갔죠. (그림 1-5~7)

최근 스테디셀러로 자리 잡은 『초역 니체의 말』 같은 '초역 시리즈'도 마찬가지입니다. 니체 같은 철학자들의 난해한 언어를 대담하게 발췌해서 쉽게 푼 '다시 제안하기 기획'의 성공적인 사례인 것이죠. 물론 그 결과물이 니체의 원저만큼 울림을 주는지는 알 수 없지만요.

## 기획은 곱셈이다

새로운 것을 전달하는 기획은, 야구로 치면 직구로 스트라이크를 잡는 정공법입니다. 한편 변화구로 스트라이크를 잡는 방법도 있을 수 있겠죠. 가령 새것과 헌것, 국내와 해외, 세련됨과 촌스러움, 고상한 것과 저속한 것 등을 곱하는 기획에서 새로운 것이 탄생할 때가 있습니다.

패션 디자이너 중에서 장 폴 고티에는 여러 소재를 절충하고 섞어 새로운 것을 곧잘 만들어냈습니다. 옛 소재와 하이테크 소재를 섞기도 하고 이누이트 민족의상과 런던의 펑크 모드를 뒤섞기도 했죠.

그중 가장 극단적이었던 예는 1989년 봄·여름 컬렉션으로, 로코코 시대의 시누아즈리Chinoiserie*를 응용한 옷에 미국의 컨트리웨스턴 패션과 프랑스 혁명 당시 의상을 섞어서 화제를 불러일으켰습니다. 이는 '초절충주의'라는 이름으로 불렸죠. 이처럼 그의 패션 디자인 근간에는 '이異문화 믹스mix'라는 아이디어가 있었습니다.

잡지 중에서는 『와이어드wired』가 그 태생부터 IT와 『롤링스톤』을 믹스하는 식으로 만들어졌죠.

YMOYello Magic Orchestra(옐로 매직 오케스트라) 멤버로 전 세계에 널리 알려진 뮤지션 호소노 하루오미는 믹스의 매력에 대해 이렇게 말합니다.

"여러 요소가 뒤섞인 잡탕 음악, 외국에서 온 것과 그 나라 고유의 국민성과 풍속성 등이 섞여서 생겨난 음악이야말로 참으로 재미있는 음악이라고 나는 믿는다."

이 같은 곱셈 기획의 가장 알기 쉬운 예로서 『모시도라もし

---

* 17세기 후반부터 18세기 중반 무렵까지의 유럽 귀족 사이에 일어난 중국풍 취미의 총칭으로, 바로크나 로코코 양식의 미술공예품에서 특히 많이 볼 수 있다.

ᵈ²*가 있습니다. 『모시도라』, 즉 『만일 고교야구 여자 매니저가 피터 드러커를 읽는다면』이라는 책인데요. 이 책의 주인공인 여자 매니저가 일독에 도전하는 피터 드러커의 『매니지먼트』는 경영학의 바이블이지만, 결코 쉽게 읽을 수 있는 책은 아닙니다. 그래서 『모시도라』에서는 소설 형식으로 내용을 전개하고 여자 매니저의 이미지를 애니메이션 캐릭터로 만들어서 표지에 썼습니다. 그 결과 200만 부가 넘는 판매고를 올렸죠. 경영학과 애니메이션과 청춘 소설을 혼합한, 소위 곱셈 기획의 성공 사례입니다. 이처럼 **각기 다른 것을 섞는 행위는 가장 대담한 편집 기획법**입니다.

## 엮어 모으기만 해도 기획이다

편집이라는 단어는 '엮을 편編'과 '모을 집集'으로 되어 있습니다. 이 말은 고로 문자 그대로 '엮어서 모으기'만 해도 이미 편집 기획이 될 수 있다는 말입니다. 또 엮어서 모으기만 하면 그것만으로도 콘텐츠가 된다는 뜻이기도 하고요. 생각해보세요. 온라인의 수많은 웹사이트는 어딘가에서 그러모은 내용으로 채워져 있습니다. 텀블러ᵗᵘᵐᵇˡʳ나 투게터ᵀᵒᵍᵉᵗᵗᵉʳ 등이 바로 그 전형이죠.

미국의 유명 잡지 『리더스 다이제스트』는 이름 그대로 각

---

\* 만약이라는 뜻의 일본어 '모시もし'와 드러커의 일본식 발음인 '도랏카ᵈ 랏카-'의 앞 두 음절을 각각 따서 조합한 제목

종 기사를 인용해서 요약digest하는 방식으로 구성됩니다. 고단샤에서 간행하는 프랑스 잡지의 일본판인 『쿠리에courrier』도 마찬가지고요.

그림 1-8은 영국에서 창간된 『더 페이스THE FACE』라는 잡지입니다. (1980년 창간, 2004년 휴간) 이 잡지 1989년 12월호는 1990년대 예측에 책 전체를 할애했는데, 그 내용 중에는 'future is uncertainty' 즉 '미래는 불확실하고 지금 이상으로 불안정한 시대가 될 것'이라고 주장하며, 환경문제를 깊이 있게 다룬 지면이 있었습니다. 1980년대 문화잡지나 패션잡지에서 환경을 주제로 다룬 것은 이 잡지가 아마 처음이었을 겁니다. 지구 온난화를 다룬 지면(그림1-9, 10)에는 '아직 희망은 남아 있다'라는 뜻으로 바다에 잠긴 육지 위에 집 한 채만 덩그러니 남아 있는 이미지를 삽입했습니다. 1989년 시점에서 온난화를 상징적으로 표현한 멋진 사진과 그 편집 예입니다. 『더 페이스』의 1990년대 특집은 미래 예측이라는 주제 아래 내일의 세계를 엮어서 모은 것이죠.

이 잡지의 같은 호에는 중국의 민주화 운동을 다룬 지면도 있습니다. 민주화를 요구하는 시민과 학생을 무차별 진압한 천안문 사건이 일어난 게 바로 1989년 여름이었죠. 해당 지면에는 그 유명한, 천안문 광장에서 탱크와 대치하는 젊은 남자의 사진이 삽입되어 있고, 별도로 마련한 '자유를 위한 팩스The fax for freedom'라는 지면에는 '포기하지 말고 민주화 운동을 지속해달라'라는 문장이 중국어와 영어로 적혀 있습니다. (그림1-11, 12) 또 중국 내 주요 매체에 이 내용을 복사해서 팩스로 보내자는 뜻에서, 엄청난 양의 팩스 번호가 실려 있기도 합니다. 실제로 전 세계의 수많은 구독자가 이 지면을 복사해서 팩스를 보냈다고 하니, 잡지가 사람들의 힘을 모아서 하나의 운동으로 엮어낸 기획 사례라 할 수 있습니다.

이처럼 **엮어서 모으는 기획을 할 때 가장 중요한 것은 '타이밍'**입니다. 그림 1-13은 제가 편집장으로 있던 『리버틴스 Libertines』의 창간호로, 이때는 뮤지션 사카모토 미우에게 의뢰해 일본 잡지 최초로 샌프란시스코에 있는 트위터 본사를 취재했습니다. (그림 1-14) '트위터 최종 안내'라는 특집이었죠. 트위터가 막 유행하려던 시점에 해당 내용을 엮어서 모은 것입니다.

또 '최고의 트윗 100선100 greatest tweets'이라는 주제로 레이디 가가, 칼 라거펠트, 빌 게이츠 등 여러 유명인의 트위터 게시글 100개를 엮어서 모은 적도 있습니다. (그림 1-15) 이처럼 '엮어서 모으는 작업'은 그 자체로 기획이 됩니다.


## 뛰어난 기획에서는
## 세계관이 느껴진다

요리가 그렇듯, 원재료가 좋다면 편집 기획에 너무 신경 쓰지 않아도 됩니다. 특등급 쇠고기는 소금, 후추만 살짝 뿌려서 그대로 구워야 진짜 맛을 알 수 있는 것과 마찬가지죠. 반대로 주제에 이렇다 할 매력이 없다면 편집을 통해 간을 해야 맛을 낼 수 있습니다. 정보를 요리하는 편집자의 지혜가 요구되는 부분입니다.

지금까지 수차례 강조했듯, 기획에 정답이 없듯 편집에도 정답은 없습니다. 100가지 주제가 있으면 100가지 기획이 있을 수 있는 것이죠. 다만 요리에도 굽기, 데치기, 찌기, 삶기, 졸이기, 튀기기 등 다양한 조리법이 있듯, 편집에도 앞서 예로 든 것처럼 다채로운 조리법이 있습니다. 이 조리법을 어떻게 활용해 어떤 방식으로 요리해낼지는 편집인의 재량인 것이고요.

맛있는 음식을 먹으면 그 조리법이 궁금해지기보다 맛을 음미하게 되는 것처럼, 편집 기획이 훌륭하면 독자는 그 기획법을 잊고 편집된 세계에 빠져듭니다. 이런 점에서 좋은 편집 기획은 잘 만들어진 영화와 닮았습니다. 정말 잘 만든 영화를 접한 관객은 시나리오나 연출 같은 걸 생각할 겨를도 없이 영상 속으로 푹 빠져들기 때문입니다. 따라서 **뛰어난 기획이란, 기획 자체가 아니라 독자에게 세계관을 제시하는 일입니다.**

### 분산형 포트폴리오를 짜라

마지막으로 기획에 대해 하고 싶은 말은 '실패를 당연하게' 받아들이라는 것입니다. 모든 기획을 성공시키는 사람은 없기 때문이죠. 마이클 잭슨도 히트시키지 못한 곡이 있었고, 스티븐 스필버그조차 〈1941〉이라는 전쟁 코미디 영화가 실패해서 실의에 빠져 지낸 시기가 있었습니다. 이처럼 천재라고 불리는 사람에게도 깊은 상처를 남기는 실패의 경험이 있는데, 하나도 빠짐없이 모든 걸 성공시키겠다는 욕심은, 야구로 치면 배트를 짧게 잡고 내야안타나 번트만 노리겠다는 태도와 다르지 않습니다.

모든 기획이 성공할 수 없다는 사실을 인정하고 '위험하지만 대담하게 도전할 만한 새로운 기획', '쉽게 안착시킬 수 있는 기획' 하는 식으로, 사전에 기획의 성패율을 계산해야 합니다. 즉 자산운용 포트폴리오를 짜듯, 기획에 대한 분산형 포트폴리오를 짜야 한다는 말입니다.

개인적으로는 편집 기획의 절반 이상만 성공시켜도 잘하는 것이라고 생각합니다. 모두 성공시키지 못하면 프로가 아니라고 말하는 이도 있겠지만, 아직까지 저는 그런 사람을 만나본 적이 없습니다.

흔히 '실패는 성공의 어머니'라고 하듯 '실패는 기획의 어머니'이기도 합니다. 현명하게 실패하고 거기서 얻은 교훈을 되살려 더 크게 성공하는 기획을 해내면 됩니다. 저 또한 수없이 실패했습니다. 아니, 아내 말에 따르면 "단 한 번도 성공한 적이 없습니다". 그런 사람도 이렇게 계속하고 있으니 실패해도 괜찮다는 말을 꼭 전하고 싶습니다. 제가 말해서는 별로 설득력이 없을 테니, 세계적으로 성공한 건축가 안도 다다오의 말을 빌려보겠습니다.

"건축이란 참으로 어려워서 대체로 잘되는 법이 없습니다. 그래서 늘 슬럼프 상태라는 생각을 하며 살고 있어요."

## 기획과 캐스팅은 동시 진행

기획은 그것이 결정된 단계, 혹은 기획을 떠올린 단계에서 바로 캐스팅을 염두에 둬야 합니다. 여러 번 언급했듯 편집 기획이란 사람을 모아놓고 하는 작업이니까요. 만일 도서 기획이라면 필자는 누구로 하고, 표지는 어떤 디자이너에게 맡길지 결정해야 하고, 잡지의 특집 기획이라면 작가, 스타일리스트, 헤어디자이너, 사진작가로 누구를 쓸지 고민해야 합니다. 광고 기획이라면 아트디렉터, 사진작가, 카피라이터, 스타일리스트, 헤어디자이너를 정해야 하죠.

캐스팅에도 정답은 없습니다. 패션 촬영에 적합한 캐스팅과 그라비아 잡지의 수영복 촬영에 적합한 캐스팅은 다르고, 향수 광고와 화장실 냄새 제거제 광고를 찍을 때의 캐스팅은 당연히 달라질 테니까요. 그러나 이 모든 캐스팅을 할 때 잊지 말아야 할 것은 '적재적소의 원칙'입니다.

아무리 뛰어난 크리에이터라고 해도 모든 일을 잘할 수는 없습니다. 가령 진지한 표정을 찍는 데 능통한 사진작가에게 귀여운 느낌의 아동복 촬영을 맡긴다면 좋은 결과를 얻기는 힘들 겁니다. 반대로 웃는 얼굴을 찍는 데 특화한 사진작가에게 진지한 다큐멘터리를 부탁하면 원하는 결과가 나오기 어렵겠죠.

작가도 마찬가지입니다. 유쾌한 코믹물을 잘 쓰는 작가와 사회의 어두운 곳을 파헤치는 일을 사명이라고 생각하는 작가의 문체는 전혀 다릅니다. 따라서 캐스팅을 할 때는 이런 부분들을 빈틈없이 따져보고서 의뢰해야 합니다.

그러나 이따금 대담하고 모험적인 캐스팅이 기획에 생기를 더할 때도 있습니다. 패션 촬영 전문 사진작가에게 아이돌 촬영을 맡기거나, 향수나 시계 등 제품을 주로 찍는 사진작가에게 음식을 찍도록 하는 것이죠. 이 같은 의외의 캐스팅은 종종 의표를 찌르는 새로운 이미지를 만들어냅니다.

결국 편집 기획에서도 결과를 좌우하는 것은 사람입니다. 그러기 위해서는 밴드를 구성하듯 호흡이 잘 맞는 사람들을 발탁해야 하겠죠. 밴드 합주에 악보가 있듯 편집을 할 때도 편집 기획서라는 악보를 마련하지만, 그저 악보대로만 연주해서는 별 감흥이 없을 겁니다. 만일 악보를 전달해준 클라이언트조차 그렇게 느낀다면 약간의 즉흥성을 더해야 하고요. 드물게는 클라이언트의 완전한 신뢰를 얻어 악보 없이 자유롭게 연주해야 하는 상황도 생깁니다. 다만 그렇게 할 수 있으려면 상당히 뛰어난 기술이 있어야 하겠죠. 그러므로 제가 생각하는 **최고의 캐스팅이란 자신의 신명을 수준 높게 표현할 수 있는 뛰어난 기술을 가진 사람들을 모으는 일입니다.**

### 게스트 에디터라는 이종격투기 선수를 활용하라

잡지를 만들 때는 간혹 '게스트 에디터'를 기용하기도 합니다. 전문 편집자가 아닌 다른 분야의 크리에이터나 각계 저명인사를 편집에 참여시켜 그 사람의 취향으로 특집호를 내는 방법이죠. 그 예로 『보그』 프랑스가 영화감독 소피아 코폴라를, 『베니티페어VANITY FAIR』가 패션 디자이너인 톰 포드를 게스트 에디터로 기용한 사례가 있습니다. (그림 1-16, 17)

심지어 네덜란드 암스테르담의 『어 매거진A MAGAZINE』이라는 잡지는 매호마다 게스트 에디터를 바꿉니다. 이 잡지에는 야마모토 요지, 빅터앤롤프, 메종 마틴 마르지엘라, 패션 브랜드 언더커버의 대표 다카하시 준 등이 게스트 에디터로 참여해 책한 권을 통째로 자기 취향대로 꾸몄습니다.

『디자인의 현장』의 '도쿄 팝 앤섬Tokyo Pop Anthem'과 『광고비평』의 '패션 커뮤니케이션: 패션은 전달되고 있는가?'는 제가 게스트 에디터로 참여한 특집 기획들입니다. 두 잡지 모두 새로운 사람들과 일했고 평소와는 다른 시점으로 편집에 접근해, 작업하는 내내 마치 이종격투기를 하는 듯한 자극을 받았습니다. (그림 1-18, 19)

재차 제 경험을 예로 들자면 『HK2001』은 캐스팅이 기획의 시작이자 끝이었습니다. 이 책은 고시노 히로코의 디자이너인생 40주년 기념으로 기획되었는데, 톱클래스 사진작가에게 카탈로그 촬영을 의뢰하고 싶다는 고시노의 요청이, 나중에는 지금까지 만든 옷을 집대성하고 싶다는 희망으로 발전했습니다. 그 결과 책의 형태는 사진집으로 확정되었고, 총 다섯 명의 사진작가에게 촬영을 맡기게 되었죠. 안드레 세라노, 마크 보스윅, 스테판 세드나위, 사이몬 후지오, 하가네 가즈야스가 그들로, 각각 뉴욕, 교토, 도쿄, 중국, 지바에서 촬영을 진행했고, 편집 팀은 그들만의 사진 미학이 최대한 발휘되도록 이끌었습니다. (그림 1-20~22)

안드레 세라노는 뉴욕의 시체 안치소에 안치된 시신을 촬영한 사체 시리즈와 예수 조각상을 소변에 가라앉혀서 찍은 '피스 크리스트' 시리즈 등 충격적인 설정으로 유명해진 사진작가로, 그와의 세션은 교토의 국보급 사원에서 일주일 동안 진행했습니다. 세라노로서는 거의 해본 적 없는 패션 촬영이었지만 다행히도 그만의 탐미적인 시선이 잘 녹아든 결과물을 도출해냈죠.

스테판 세드나위와 진행했던 촬영 세션도 기억에 남습니다. 세드나위를 뉴욕에서 도쿄로 불러들여 여러 날에 걸쳐 도쿄의 톱모델을 촬영했는데, 스태프 수가 많은 데다 조명 등 기자재도 많아서 촬영 허가를 받는 데 엄청 애를 먹었습니다. 다행히 마돈나 비요크 같은 뮤지션의 프로모션 비디오를 찍은 그답게 영상미가 살아 있는 사진을 얻을 수 있었죠. 나머지 세 사진작가의 작업도 그들만의 색깔이 담긴, 기대 이상의 작품으로 완성되었습니다. 그야말로 캐스팅의 묘미를 충분히 경험한 프로젝트였죠.

## 의외의 캐스팅으로 참신함을 담아라

『메트로 미니츠』의 하네다 신국제공항 터미널 특집 '하네

다 나우羽田なう' 때는, 완성 직전 단계였던 하네다 신국제공항 터미널로 일본항공JAL과 전일본공수ANA의 객실 승무원들을 불러모았습니다. 그 뒤 시노야마 기신에게 그들을 찍게 했죠. 일본 항공업계의 영원한 경쟁사인 두 회사의 승무원을 한데 모은 전례가 없었기 때문에, 처음에는 분위기가 서먹하지나 않을까 걱정이 많았습니다. 하지만 시노야마 기신은 이 어려운 작업을 자신의 기지로 헤쳐나갔죠. 그는 승무원들과 마치 오래전부터 알고 지낸 사이인 듯 스스럼없이 그들을 치켜세우며 화기애애하게 촬영을 이끌었습니다. 이렇게 칭찬을 받을수록 아름다워지는 승무원들을 한나절 정도 보고 있자니, 왜 많은 사람이 스튜어디스를 동경하는지 조금은 알 수 있을 것 같더군요. (그림 1-23)

또 하나의 의외적 캐스팅 사례로는 『메트로 미니츠』의 'NEW 고향 투어리즘' 특집을 들 수 있겠습니다. 이 특집 때는 사진작가인 우메 가요에게 구마노고도熊野古道를 찍도록 했죠.

구마노고도는 세계문화유산으로 등재된 관광명소로 이미 수많은 사진작가들이 이곳을 촬영했습니다. 반면 우메 가요는 좀처럼 풍경 사진을 찍지 않는 작가이므로, 그곳을 찾은 사람들을 중점적으로 찍는다는 계획을 세웠습니다. 우메 가요는 『우메메うめめ』와 『남자』 같은 그의 사진집을 보면 알 수 있듯 인물을 유머러스하게 묘사하는 데 일가견이 있습니다. 사실 캐스팅 당시에는 내심 걱정 반 기대 반이었지만, 결과는 그림 1-24, 25에 보이는 그대로입니다.

구마노고도의 영험 섞인 대자연이 아니라 '오사카가 그렇듯 구마노고도에도 천연덕스럽고도 순박한 아이와 어른이 있답니다' 같은 느낌의 사진이 나온 것이죠. 이 사진들은 기존 구마노고도의 이미지에서 크게 벗어나 있었기 때문에 관계자에게 싫은 소리를 듣지 않을까 우려했지만, 독자들은 물론이고 현지 사람들에게도 매우 반응이 좋아서 안도했습니다. 이처럼 **캐스팅에서 의외성을 추구한다는 것은 사실 불안과의 싸움**이기도 합니다.

## 편집자는 아무것도 못 하지만 무엇이든 잘하는 사람

앞서도 말했지만, 기획이 성공하려면 우수한 인력을 적재적소에 배치해야 합니다. 잘된 캐스팅은 아이디어를 더 매력적으로 만들어 본래의 기획 의도 자체를 초월하기 때문입니다. 그러므로 편집자라면 자기보다 사진을 잘 찍는 사람, 자기보다 원고를 잘 쓰는 사람, 자기보다 디자인 감각이 뛰어난 사람을 모으고 그렇게 모인 **사람들을 조율해서, 최초 아이디어를 그 이상으로 끌어올려야** 합니다.

반대로 말하면 편집자는 사진도 잘 찍지 못하고 수준 높은 문장도 쓸 수 없으며 디자인도 할 줄 모르는 사람입니다. 스타일링은 물론 헤어·메이크업도 못하죠. 즉 할 줄 아는 게 별로 없는 사람입니다. 심지어 면허가 필요한 전문 기자재나 기능이 많은 대형 기자재를 다룰 능력은 더더구나 없죠. 그럼에도 스스로 하지 못하는 일에 대한 자각 능력이 뛰어나서, 재능 있는 전문가를 알아보고 그들을 모으고 지휘해서 무슨 일이든 가능하게 만드는 사람, 그가 바로 편집자입니다. 편집자라면 이런 식의 자기 인식을 갖는 게 좋습니다. 그래야만 책, 잡지, 웹사이트, 광고, 이벤트 등 각종 편집 작업을 높은 완성도로 구현할 수 있습니다. 재차 말하지만, 편집자는 아무것도 못 하면서 무엇이든 잘하는 사람입니다.

## 2장:　언어

**주목을 사는
도구로서의 글**

**편집의 3요소는 언어, 이미지, 디자인**입니다. 이 세 가지 요소를 최대한 조화롭게 활용하는 게 바로 편집의 기술이죠.

만일 영화나 텔레비전 광고를 편집한다면 영상적 요소를, 인터넷이라면 양방향성 같은 요소를 위 세 요소에 더해야 합니다. 매체에 따라서는 향이나 촉감을 더하는 방법도 있습니다. 가령 향기가 나는 향수 광고물은 예전에도 있었지만, 최근에는 실제 제품에 가까운 향기를 인쇄물에서 구현할 수 있게 되었죠. 그러나 일단 이 책에서는 편집물의 근간이 되는 3요소에 한정해서 이야기를 해보겠습니다.

## 독자는 다 읽지 않는다

편집의 기본 3요소 중 가장 먼저 언어 편집에 대해 알아보죠. 즉 제목 짓기나 카피 짓기 등 텍스트를 다루는 일입니다.

언어는 인류 최대의 발명품이자 범용성이 가장 높은 정보전달 수단입니다. 또 의사소통의 근간이기도 하죠. 따라서 편집 과정에서 언어를 먼저 규정하지 않으면 무엇을 어떤 식으로 전달해야 할지 우왕좌왕하게 됩니다. 언어는 우리의 생각을 객관화하므로 언어가 규정되지 않았다는 것은 생각이 정리되지 않았다는 말과 같습니다. 그러므로 편집자라면 자신의 아이디어를 철저하게 말로 풀어낼 수 있어야 합니다. 그래야 다른 사람과의 공동 작업도 가능하죠.

언어 편집을 할 때는 **독자가 본문을 처음부터 끝까지 읽지 않을 수도 있다는 사실을 늘 고려**해야 합니다. 가령 조간신문의 모든 내용을 처음부터 끝까지 읽는 사람은 아마 거의 없을 테죠.

사람들이 내용을 다 읽지 않는 이유는 타이틀이나 소제목만 봐도 대충 그 내용을 짐작할 수 있기 때문입니다. 이처럼 내용을 대략적으로 파악하는 행위를 영어로 스키밍skimming이라고 하는데, 사람들은 미디어에 실린 글은 대체로 스키밍하며 읽기 마련입니다.

그러므로 대중 대상 미디어를 편집할 때는 독자가 모든 내용을 읽을 것이라 전제해서는 안 됩니다. 바로 이 점이 문장 자체를 음미하기 위해 읽는 소설 혹은 에세이와 불특정 다수의 독자를 상대하는 신문 혹은 잡지의 가장 큰 차이입니다.

매스미디어는 평소 특정 주제에 별생각이 없는 고객의 주의를 끌어야 합니다. 잡지도 마찬가지죠. 그래서 표지 제목에 따라 판매 부수가 달라지곤 하는 겁니다. 그런 경향이 가장 두드러지는 곳이 광고업계입니다. 자동차나 화장품, 과자 같은 상품에 딱히 관심이 없는 소비자의 흥미를 유도해서 그것을 사게 만들어야 하기 때문이죠. 이런 이유로 매스미디어 편집에서는 제목과 카피가 가장 중요합니다.

여기서는 이 같은 매스미디어의 언어를 다루는 법을 살펴보겠습니다. 소설이나 철학서, 전문서 등 차분하게 깊은 내용을 파헤쳐야 하는 글의 편집은 다루지 않습니다. 그런 작업은 그 나름의 의미가 있지만, 여기서는 **'무관심한 사람들을 끌어들이는 연결고리로서의 글'**을 다루는 일에 집중하겠습니다.

## 타깃에 따라 다르게 써라

우선 타깃 독자에 따라 제목이 달라지는 예를 한번 보죠. 다음은 어떤 잡지의 제목일까요?

- 한가한 설 명절에 혼자 할 수 있는 사기 집중 세미나
- 새해에는 곱슬머리입니다

위의 두 예는 『작은 악마 아게하 小惡魔 ageha』 2011년 2월호의 제목입니다. 이 잡지의 애독자 말고는 그 누구도 도통 무슨 뜻인지 알기 어려운 제목들이죠. '한가한 설 명절에 혼자 할 수 있는 사기 집중 세미나'(그림 2-1)라는 것은 '셀카'를 수정해서 다른 사람의 눈을 속이자라는 뜻입니다. '새해에는 곱슬머리입니다'란 전국의 아게 age양(이 잡지의 독자를 지칭하는 말)에게 물어본, '독자가 해보고 싶은 헤어스타일 순위를 올해에도 발표'한다는 기획입니다. 이를테면 아게양 맞춤형 제목인 것이죠.

그렇다면 다음은 어떤 잡지의 제목일까요?

- 특집 '조사弔辭 극적인 인생에 또렷한 언어'
- 제2특집 '항암제가 듣지 않는다'

이것은 일본의 주요 종합잡지인『분게이슌주』2011년 1월호의 제목입니다. (그림2-2) 앞서 소개한『작은 악마 아게하』와 같은 달에 발간된 호의 제목이죠. 즉 시기적으로 완전히 겹치지만『작은 악마 아게하』에는 앞서 언급한 제목이 효과적이고『분게이슌주』에는 위의 제목이 적합한 것입니다. 10대 후반, 20대 전반의 업소 여성이나 그런 문화를 동경하는『작은 악마 아게하』의 독자에게는 매일 즐거움이 계속될 듯한 낙천적 주제와 그에 맞는 문체가 유효하며, 인생의 만년을 맞이한 나이 지긋한 어르신 독자가 많은『분게이슌주』에는 위와 같은 주제와 문체가 맞는 것입니다.

이처럼 무엇이 좋은 글이고 문장인지는 글이 실리는 미디어와 그 타깃에 따라 완전히 달라집니다. 그러므로 그저 모호하게 좋은 제목, 멋진 문장을 생각할 게 아니라 **나의 편집물이 누구를 향하고 있으며, 누구를 사로잡아야 하는지 가장 먼저 분석해야**하는 거죠.

위의 예에서 보듯 잡지 표지에는 잡지명과 특집 제목이 공존합니다. 단행본은 이보다는 좀 더 단순해서, 표지에는 제목, 띠지에는 홍보 카피, 책을 펼치면 목차, 장별 제목, 소제목, 본문으

로 이어지는 게 일반적입니다. 만일 광고라면 헤드라인과 보디카
피body copy*만 있어도 충분하고요.

이 같은 언어의 배치 구조는 미디어에 따라 크게 달라지
지 않습니다. 주택을 설계할 때 현관문을 열자마자 침실이나 화
장실이 나오도록 설계하지 않는 것과 마찬가지죠. 정치를 다루는
논단지든 SM 애호가를 위한 전문지든 잡지명→특집명→기사 제
목으로 이어지는 언어의 계층구조는 같으며, 이는 단행본도 다르
지 않습니다. 일본을 대표하는 계몽서인 후쿠자와 유키치의 『학
문을 권함』이든 관능소설의 대가인 우노 고이치로의 『무치무치
푸린むちむちぷりん』이든 모두 책 제목이 있고, 그 뒤에 목차, 타이틀,
본문이 있습니다.


## 하루키도 과거에는 혹평받았다

**좋은 글이란 시대와 독자, 미디어에 따라서 달라**집니다. 따
라서 그저 좋은 글을 쓰겠다가 아니라, 어떤 대상에게 어떤 글을
써야 효과적일지 생각해보아야 합니다.

무라카미 하루키의 경우도 좋은 글의 조건이 시대에 따라
변한 예입니다. 오늘날 무라카미 하루키는 국내에서나 해외에서

---

\* 상품과 서비스에 대한 구체적 정보를 제공해서 헤드라인에서 제시한 핵
심 광고 메시지를 보완하는 역할을 하는 글

나 높은 평가를 받는 작가지만, 등단 무렵 그의 글은 좋지 않은 평가를 받았습니다. 1978년 그의 데뷔작 『바람의 노래를 들어라』는 문예지 『군조群像』에 게재되어 그해 신인상을 수상했는데, 같은 해 아쿠타가와상에서는 떨어졌습니다. 당시 심사위원이었던 오에 겐자부로는 그의 작품에 대해 이렇게 평가했습니다.

"미국의 요즘 문학을 교묘하게 모방한 작품도 있었는데, 모방은 작가가 독자적 창작의 길로 향하는 훈련 과정이어야 한다. 그러나 그런 방향성이 보이지 않았기에 작가 자신에게나 독자에게나 아무 도움이 되지 않는 시도라고 느꼈다."

그의 두 번째 작품인 『1973년의 핀볼』도 아쿠타가와 문학상 후보에는 올랐으나 수상에는 실패했습니다. 그때 이노우에 야스시의 평가는 이렇습니다.

"『1973년의 핀볼』은 새로운 세계를 개척하고자 하는 의도가 엿보이는 유일한 작품이었다. 부분적으로 뛰어난 부분도 있었고 신선함도 느껴졌지만, 상대적으로 볼 때 감성이 겉도는 부분이 많아서 잘 쓴 글이라 하기는 어렵다."

나카무라 미쓰오의 평가는 더욱 가차 없었죠.

"『1973년의 핀볼』도 마찬가지로, 혼자만 고상하다는 듯 잘난 척하는 청년을 그처럼 태평스럽고 안이한 붓놀림으로 묘사한들 청년의 내면은 일절 전해지지 않는다. 오늘날 미국화한 풍속은 분명 다룰 만한 가치가 있는 주제지만, 그 풍속의 표면만을 다루는 얄팍한 시각에서 문학은 태어나지 않는다. 재능은 있어 보이나 그저 안타까울 따름이다."

그야말로 혹평입니다. 이것이 데뷔 당시부터 1980년대 전반까지 하루키에 대한 문단과 평론계의 일반적 평가였죠.

한편 무라카미 하루키가 존경하고 사랑하는 작가 스콧 피츠제럴드는 이런 말을 남겼습니다.

"남과 다른 말을 하고 싶으면 남과는 다른 표현을 써라."

스콧 피츠제럴드도 데뷔 당시에는 제대로 된 평가를 받지 못한 작가입니다. 그의 글은 세련되기는 했지만 가볍고 경박하다는 게 당시의 인식이었죠. 그러나 오늘날 스콧 피츠제럴드가 걸출한 작가라는 걸 의심하는 사람은 별로 없을 겁니다.

이처럼 글에 대한 기준은 시대에 따라 바뀌고, 심지어 사람에 따라서도 크게 달라집니다. 가령 평론가 후쿠다 가즈야는 『작가의 값어치作家の値うち』라는 책에서 일본 작가에게 점수를 매기는 무모한 시도를 했는데, 노벨문학상 수상 작가 오에 겐자부로의 『동시대 게임』에 그는 고작 26점을 줬습니다. 그는 이 작품을 두고 "지적인 작가의 자가당착이자 대표적 자위행위라 할 만한 졸작"이라고 평가했습니다. 후쿠다 가즈야는 상대가 노벨상을 수상한 오에 겐자부로라 해도 오직 작품만으로 평가한다고 말했죠. 이렇듯 좋은 글이니 좋은 소설이니 하는 것들은 사람과 시대에 따라 평가가 달라집니다.

## 프로의 글에는 지루함이 없다

나가에 아키라의 『날라리를 위한 문장술不良のための文章術』이라는 책이 있습니다. 프리랜서로 원고를 쓰며 먹고사는 사람을 위한 작법서인 이 책에는 프로 작가로 제일선에서 활약하는 사람만이 쓸 수 있는 노하우와 본심이 가득 담겨 있습니다. "아름답고 올바른 글 따위는 지루하고 졸릴 뿐이다. 그런 건 아마추어에게 맡겨라. **프로는 고객을 지루하게 해서는 안 된다**"라고 나가에 아키라는 이 책의 '머리말'에서 강조합니다.

그가 말하는 칼럼 및 에세이를 쓸 때의 철칙은 다음과 같습니다.

- 정론은 쓰지 말 것: 정론을 쓰면 안 된다. 고리타분하기 때문이다.
- 세계와 국가를 논하지 말 것: 아무도 당신의 세계관이나 국가론 따위는 듣고 싶어 하지 않는다. 그런 재능이 있다면 차라리 정치 평론가가 되든지 당장 정계에 입문하라.
- 좋아하는 것만 쓸 것: 좋아하는 것을 원 없이 써야만 재미있는 칼럼이 된다.

이 모든 주장이 정통 저널리스트들이 보면 혀를 끌끌 찰 소리입니다. 그럼에도 저는 나가에 아키라가 주장하는 프로로서 갖춰야 할 저술의 기본 태도에 깊이 공감합니다. 편집은 보도와는 달라서 올바르고 객관적인 문장보다는 재미있고 주관적인 글이 더욱 빛을 발하기 때문이죠. 물론 둘 다 독자의 신뢰를 받아야 한다는 점에서는 차이가 없지만요.

## 그들의 언어를 우리의 언어로 바꿔라

이어서 광고 카피에 대해 알아보겠습니다. **광고 카피를 만들 때는 불특정 다수의 마음을 사로잡아야 한다**는 점을 기억해야 합니다. 최근 웹사이트 '호보니치ほぼ日'로 널리 알려진 1980년대 광고계의 대표 카피라이터 이토이 시게사토는 이 점에서 무척 뛰어났습니다. 여기서는 그의 대표작을 살펴보며 차근차근 이야기해보겠습니다.

- 상상력과 수백 엔 (신초문고)
- 로맨틱이, 하고 싶어 (산토리 레드)
- 먹고 자고 논다 (닛산 세피로)
- 잘 부탁해 (야자와 에이키치矢沢永吉)
- 내 안에 너는 세상에 하나뿐 (파르코Parco)
- 책 읽는 바보가 나는 좋아요 (파르코)

이렇듯 그가 남긴 카피는 셀 수 없이 많지만, 그중에서 가장 유명한 것은 1980년대 세이부 백화점의 캠페인 카피입니다.

- 수수께끼가 너무 좋아
- 맛있는 생활
- 갖고 싶은 걸, 갖고 싶어요

이 카피들을 가만히 보면 그때까지의 광고 카피와는 무척 다르다는 걸 알 수 있습니다. 카피가 기업이나 상품을 언급하지 않고, 그걸 보고 있는 사람들에 대해 말하고 있다는 점이죠. 즉 이전까지의 광고 카피가 '그들의 언어'였다면 이토이의 광고 카피는 '우리의 언어'였습니다. 놀랍게도 그는 광고 카피의 중심축을 기업에서 소비자 쪽으로 옮겼습니다.

그는 자신이 만든 카피의 특징에 대해 다음과 같이 말합니다.

"기존 광고는 '돈이 있으면 이 정도는 사줘야지' 하는 식으로 소비자를 설득했다. 하지만 뭔가를 '좋아하는 마음'에는 그런 단정적 주장으로는 설득할 수 없는 무언가가 반드시 있을 것이고, 그 부분을 찾아내지 못하면 카피를 쓸 수 없다."


## 금기라도 '우리의 언어'가 좋다

이토이 시게사토가 1988년 발표한 '갖고 싶은 걸, 갖고 싶어요'라는 카피야말로 광고 카피의 종점이 아닐까 합니다. (그림 2-3) 일반적으로는 '○○을 갖고 싶어요'라고 말하는데, '갖고 싶은 걸, 갖고 싶어요'라고 하는 것은 동어반복이죠. 그러므로 이 카피는 **소비가 포화상태에 이르러 절실하게 필요한 게 없어진 시대의 카피**라 할 수 있겠습니다.

기업이나 상품이 아니라 광고 그 자체를 언급하는 지점에 도달했다는 것이 이 카피의 대단한 점입니다. 카피에 대한 카피, 즉 메타meta 카피입니다. 어쩌면 그런 이유로 이토이는 '갖고 싶은 걸, 갖고 싶어요'를 발표한 뒤 카피라이터로서 급속하게 광고계에서 멀어진 게 아닌가 싶습니다. 어쨌든 그는 자신의 카피라이터 인생을 대표하는 작품을 남겼고, 이제 그 뒤를 잇는 젊은 카피라이터에게는 갈 데까지 간 이 궁극의 카피를 뛰어넘어야만 하는 과제가 생긴 것입니다.

1980년대부터 지금까지 활약하는 카피라이터 중에는 나카하타 다카시도 빼놓을 수 없습니다. 그는 인간미 넘치는 카피를 많이 발표한 것으로 유명한데, 대표작으로는 '토리스의 맛은 인간의 맛', TOTO사를 위한 카피 '엉덩이도 깨끗한 걸 좋아해', 『마이니치신문』 리뉴얼 당시 사용한 '마이니치每日의 매일이 바뀐다' 같은 카피가 있습니다. 나카하타는 그 뒤 『아사히신문』의 캠페인에도 참여해 '역사는 이곳저곳에서 만들어진다'라는 카피를 만들기도 했죠. 또 1990년대 샤프SHARP의 캐치프레이즈였던 '착안점이 샤프(예리)하죠?'도 그의 작품입니다.

나카하타는 1980년대에 파르코의 카피를 맡기도 했는데, 저는 그 당시 그의 작품을 정말 좋아합니다. '황야에 나가는 것만이 모험은 아니야', '목적이 있으므로, 탄환은 빨리 난다', '당신도 나도 조금씩은 미쳐 있어요', '이토록 미워하는 건 그토록 사랑했기 때문일까요?' 등, 참으로 멋진 카피들입니다. 광고에서 '미친다'라든지 '미워한다' 같은 부정적 단어를 사용한 사람은, 제가 아는 한 나카하타 다카시가 처음입니다. 하지만 그런 표현을 써도, 그의 카피에는 **'우리의 언어'라고 느끼게 하는 힘**이 있습니다. 이토이 시게사토와 나카하타 다카시 두 사람 모두 광고의 금기를 과감하게 깬 선구자들인 거죠.

## 글은 꾸밀수록 지저분해진다

일본을 대표하는 광고회사 라이트 퍼블리시티의 아키야마 쇼의 카피도 낭만이 있어서 매우 좋아합니다. 예전 카피 중에는 '남자는 그저 삿포로 맥주'가 정말 유명했죠. 또 '120마일을 넘으면, 엔진소리만으로는 너무 쓸쓸해'라는 파이오니어의 카피도 있습니다. 칼로리메이트 런칭 카피로 유명해진 '정신력만으로는 결승 테이프를 자를 수 없다', 산토리의 위스키인 크레스트 12년산을 위한 '시간은 흐르지 않는다. 그것은 축적될 뿐이다'라는 카피, 잭 대니얼을 위한 카피 '먼 훗날 같은, 오늘' 등, 그의 카피는 문학 내음을 물씬 풍기고 낭만이 넘칩니다.

『광고비평』의 별책으로 나온 『아키야마 쇼 작업집』이라는 책을 보면, 앞서 언급한 나카하타 다카시가 '탄환은 빨리 난다'라는 제목으로 아키야마 쇼를 논평한 부분이 있습니다. 거기서 나카하타는 이렇게 말합니다.

"표현을 보면 알겠지만, 그는 모든 걸 즉각 결정한다. 불순물을 허락하지 않는다. 빨리 난다. 즉각 소통한다. 정보 전달 속도를 높인다. 이를 위해 불필요한 표현은 적극 제거한다. 그래서 깨끗하다. (중략) **문장은 꾸미면 꾸밀수록 지저분해지기 때문**이다. (중략) 형용사는 달콤하게 다가오지만, 그만큼 빨리 썩는다."

저는 이 명문을 제목을 지을 때마다 금과옥조로 삼습니다. 이 말은 비단 광고 카피 영역뿐 아니라 모든 제목을 지을 때 적용할 수 있는 원칙입니다.


## 도발하는 광고 카피

많지는 않지만 저도 몇 차례 광고 카피를 만든 적이 있습니다. 첫 의뢰자가 파르코였다는 점은 참으로 행운이었죠. 당시 파르코는 영국의 새로운 문화를 퍼뜨리는 '얼터너티브 UK'라는 캠페인 광고를 위해 기발한 의상이 특징인 런던 출신의 댄서 마이클 클라크를 기용했습니다. 저는 그의 캐릭터가 매우 참신하다고 봤으므로 '새롭다면 다 괜찮아'라는 도발적 카피를 붙였죠. (그림 2-4)

그다음으로는 파르코의 '그랜드 바겐세일' 광고 카피를 만들었습니다. '조금 위는 위가 아니야'라는 카피입니다. 당시는 거품경제가 꺼지기 직전으로 '한 단계 위'라든지 '조금 위', '약간

위'라는 말이 만연하고 있었는데 저는 그런 풍토가 무척 싫었습니다. 그래서 '조금 위'라는 게 대체 뭔데? 하는 생각으로 이런 카피를 만든 것이죠. '그렇게 찔끔찔끔 차별화하지 말고 당당하게 위를 향하자'라는 말을 하고 싶었습니다. 파르코는 옛날부터 강한 메시지를 발신하는 기업이었으므로 타산적이고 시시한 풍토에 이견을 내도 되리라 생각한 것입니다. (그림 2-5)

이어지는 예는 포스터 제작 일정에 대지 못해 텔레비전 광고에만 사용된 카피로, 제게는 매우 부끄러운 작품입니다. '사랑은 뒤따라온다, 파르코 크리스마스'라는 카피로, 파르코의 크리스마스 캠페인을 위해 만든 것입니다. 크리스마스 선물을 주는 행위를 파르코다운 유머를 넣어 긍정적으로 표현하려 고민했으나, 몇 번이나 물을 먹고 스무 번도 넘게 수정 요청이 들어와서 계속 고치다가 결국 맨 처음 쓴 게 채택되었죠. 결과적으로 수정에 시간만 허비하다가 평소 동경하던 이노우에 쓰구야가 디자인한 포스터(그림 2-6) 제작 시간에도 맞추지 못해 텔레비전 광고에만 쓰였으니, 참으로 아쉬움이 많이 남은 작업입니다.

이어서 소개하는 카피에는 조금 특이한 사연이 있습니다. 당시 저는 『에스콰이어』 일본판 편집부 소속으로, 같이 근무하던 나카니시 다이스케와 아시아의 현대문화, 그중에서도 아시아의 새로운 음악 문화를 비중 있게 다루는 특집을 기획 중이었습니다. 그때 특집 제목으로 생각한 게 '아시안 컨템포러리Asian Contemporary'입니다.

저는 이 캠페인을 『에스콰이어』 일본판 특집(1991년 10월 호 '아시안 컨템포러리, 아시아의 대예언')만으로 끝내고 싶지 않았습니다. 그래서 평소 알고 지내던 파르코 홍보부에 제 생각을 말했는데, 때마침 파르코도 같은 생각을 하고 있었던 거죠. 덕분에 파르코 광고에서도 '아시안 컨템포러리'라는 말을 쓰게 되었습니다. (그림 2-7)

## 유머는 중요하다

근사하고 **잘 지어진 카피에는 신선함과 시대성이 있으며 오래도록 마음에 여운을 남기는 언어의 본질적 힘도** 살아 있습니다. 여기서는 그런 카피 중에 유머가 살짝 가미된 것을 살펴보겠습니다. 바로 간사이 지방의 유력 도시 정보지인 『미츠 리저널Meets Regional』의 카피들로서, 이것들에서는 간사이 지방의 특색이 잘 드러납니다. (그림 2-8)

- 도리의 도리코 (닭 요리 특집*)
- 기야마치木屋町, 폰토초先斗町 밖에 없습니다 (교토 기야마치와 폰토초 특집)
- 인심 좋고 정겹고 사랑 가득. 오늘도 다녀왔습니다, 엄마 밥집 (엄마 밥집 특집)

*도리鷄는 닭이고 도리코는 음식을 소재로 한 일본의 유명 만화다.

- 핫하네, 치즈 (치즈 특집)
- 책방의 역습 (서점 특집)
- 쓰루하시鶴橋 원더랜드 (쓰루하시 특집)

모든 카피에서 간사이 지역의 냄새가 물씬 풍기는 한편, 타지 사람의 관심도 끌 수 있는 흡인력이 느껴집니다. 무엇보다 제가 가장 좋게 보는 지점은, 화기애애한 분위기 속에서 카피를 만들었을 것 같다는 상상이 든다는 점입니다. 실제 어땠는지는 알 수 없지만, 시간에 쫓기듯 만들어진 카피가 많은 요즘이라 더욱, 이렇게 살짝 나사 빠진 듯한 유머가 담긴 카피가 귀하게 느껴집니다.


## 군침이 도는 맛있는 제목

『브루터스』는 카피도 잘 짓습니다. '영화로 벌이는 되나요', '어른의 회사 견학', '모두의 요가' 같은 카피들이죠. '모두의 ○○'이란 카피는 『브루터스』가 자주 쓰는 형식입니다. '일본 제일의 가성비 선물은 무엇', '세상에서 가장 맛있는 쇠고기를 먹을 수 있는 곳은 일본입니다' 같은 것들도 군침마저 돌게 하는 아주 멋진 카피죠.

그 밖에도 뇌과학자 모기 겐이치로 특집 카피 '뇌과학자라면 이런 말은 하지 말라!', 요미우리 자이언츠 특집 카피 '전 국민에게 바치는 요미우리 자이언츠 특집', 패션 특집 카피 '장인職人, 비싸면서 좋은 물건' 등 어느 것 하나 멋지지 않은 카피가 없습니

다. (그림 2-9) 모두 특집의 의도와 내용을 잘 설명하면서도 위트가
살짝 섞여 있는데, 이 둘 사이의 균형 감각이 참으로 탁월합니다.

## 가려운 부분을 긁어주는
## 통속적 카피

주간지의 카피 중에도 좋은 것이 아주 많습니다. 일본 주
간지의 양대산맥 『슈칸분슌週刊文春』과 『슈칸신초週刊新潮』의 카피
중에서 『슈칸분슌』(2010년 10월 28일자)의 것을 먼저 보겠습니다.

  - 칠레 33인의 기적 같은 드라마: 지하 700미터의 사랑과
    배반

실로 주간지식 카피 짓기의 정도正道로서 그 통속성에 읽
지 않고는 못 배기게 만듭니다. 신문에서는 절대 쓸 수 없는 카피
죠. 『슈칸분슌』만이 캐낼 수 있는 자니스* 관련 특종 카피인 '아
파트에서 뛰어내려 죽은, 아라시嵐**를 만난 여인의 고백' 같은
것도 마찬가지입니다. '하토야마 수상, 당신은 정말 존재감 빵점'

---

* 일본의 유명 연예기획사
** '폭풍'이라는 뜻이자 1999년 결성된 자니스 소속 5인조 아이돌 그룹의
   이름으로, 이 제목에서는 중의적인 뜻으로 쓰였다.

같이 주간지라서 가능한 독설 섞인 카피도 참 시원합니다.

한편 『슈칸신초』(2010년 8월 5일자)에는 이런 카피가 있습니다.

– 배지가 없으면 보통 사람, 낙선 후보의 우울한 전직 대작전

기지가 느껴지는 좋은 카피입니다. 사람들이 다들 수상쩍게 생각하는 것을 제대로 건드리고 있죠. '매출 급감, 매장 폐쇄, 하나바타케 목장의 목가적이지 못한 위기'라는 카피에서 '목가적이지 못한'을 더한 것 또한 주간지식 카피 짓기의 특징입니다.

선거 관련 기사도 주간지의 장기 중 하나로 '기상청 비공인 당락 기상예보'라는 카피에는 독설과 재치가 잘 안배되어 있죠.

## 기존 표현을 비트는 것도 방법

그림 2-10은 '국제 편집회의'라는 특집으로, 제가 만든 『컴포지트Composite』 중에서 가장 반응이 좋았던 특집호입니다. 센덴카이기샤宣伝会議社라는 곳에서 내는 『편집회의』라는 잡지가 있었지만, 이 잡지는 일본 잡지만 다루므로 그럼 다른 나라 편집자들은 어떻게 잡지를 만들까 하는 궁금증에서 기획한 것이죠. 이 특집에는 해외 주요 패션잡지와 스타일 매거진의 편집부를 취재한 내용이 담겼는데, 저와 비슷한 궁금증을 가진 사람들이 많았던지

이 특집호는 출간되자마자 동이 났습니다. 이처럼 **이미 존재하는 표현을 살짝 비틀어보는 것도 카피를 지을 때 유효한 방식**입니다.

그림 2-11은 2002년 4월 『컴포지트』에서 진행한 '디플레이션 시크' 특집입니다. 이 특집에서는 혹독한 경제불황 속에서 돈을 절약하면서도 어떻게 하면 품위 있게 살 수 있을지를 다뤘습니다.

사실 영어권 국가에서는 불황을 나타내는 용어로 디플레이션보다는 주로 '리세션recession'이라는 단어를 씁니다. 그래서 『컴포지트』 4월호의 영어 제목은 '리세션 시크recession chic'입니다. 파리에서 촬영하고 있을 때 '디플레이션 시크'라는 제목이 어떠냐고 했더니 스태프들이 모두 좋아하더군요. 이처럼 좋은 카피에는 업계 동료들이 먼저 반응하기도 합니다.

'상하이 컨템퍼러리'는 2004년에 진행했던 상하이 특집기사의 카피입니다. 상하이 경제가 발전 도상에 있고 경기가 좋다는 기사는 늘 있었으나, 그 문화에도 세계의 다른 도시와 다를 바 없는 동시대성contemporary이 있다는 사실은 당시 널리 알려지지 않고 있었습니다. 그래서 저는 '상하이 컨템퍼러리'라는 카피를 지어 상하이의 문화적 동시대성을 강조했습니다. 이 특집 기사는 아마도 일본에서 상하이 문화의 동시대성을 본격적으로 다룬 첫 번째 시도였을 겁니다. 우리는 뉴욕이나 파리의 현재진행형 문화를 특집으로 다루듯 상하이를 다뤘고, 따라서 오직 상하이의 현대적 측면만 부각했습니다. 이를 위해 모든 스태프가 네 번이나 상하이에 갔던 만큼 상당히 추억거리도 많은 특집입니다.

'모드한 신체'는 2005년에 만든 카피입니다. 당시에는 할리우드, 도쿄를 가리지 않고 많은 유명인이 요가와 에어로빅에 빠져 있었습니다. 그래서 저는 평소 건강을 가꾸는 데 관심이 있는 일본의 유명인을 모았고, 그들과 운동에 대한 대화를 주고받으며 그들이 평소에 하는 운동 장면을 촬영했습니다. 나카타니 미키, 가세 료, 이세야 유스케, 미야자키 아오이, 니시지마 히데토시, 카히미 카리 같은 이들이었죠. 이 특집의 카피는 '모드mode'*와 '신체'라는, 평소 함께 쓰지 않는 말을 조합했을 때 생기는 효과를 노린 것입니다.

'패션 커뮤니케이션: 패션은 전해지고 있는가'는 『광고비평』의 게스트 에디터로서 특집을 진행했을 때 지은 카피입니다. 이 특집에서는 의복이 아니라 패션 커뮤니케이션을 다뤘습니다. 즉 패션 광고나 패션 매체 등에 종사하는 사람들이 어떤 일을 하며, 그 일은 어떻게 진행되는지를 심도 있게 다룬 것이죠. 옷에 대한 언급은 일절 하지 않기로 사전에 정하고 참여했습니다. 이 특집의 표지는 오타 리나를 모델로 기용해 패션 사진을 찍는 과정을 담는 느낌으로 꾸몄는데, 옷이 아니라 패션의 이면을 전달하겠다는 의도였습니다. 『광고비평』은 광고 관계자나 커뮤니케이션 관련 활동을 하는 사람들이 읽는 잡지이므로, 이 특집이 커뮤

* 유행하는 복식이라는 뜻

니케이션과 전달방식을 주제로 다루고 있으며, 그들이 하는 일과 관련이 있다는 점을 알리고 싶었습니다.

### SNS 시대의 카피 짓기

『메트로 미니츠』2010년 10월호는 하네다 신국제공항 터미널 특집이었고, 그 카피는 '하네다 나우'였습니다. 제 아이디어는 아니고 편집장인 와타나베 히로타카의 아이디어였죠. 수많은 카피 후보가 있었지만 그의 마음을 사로잡는 게 없었는데, 제가 이것으로 정하자고 강하게 밀어붙였습니다.

당시 하네다는 신국제공항 터미널로 연일 화제였고, 잡지는 하네다 신국제공항 터미널 개장 일주일 전에 나왔습니다. 따라서『메트로 미니츠』에서 하네다 나우라고 말하면 '아, 신국제공항 터미널 이야기로군' 하고 독자가 추측할 게 분명했습니다. 또 사람들이 스마트폰을 들고 신국제공항 터미널에 도착하면 문득 그렇게 트윗을 하지 않을까 상상하기도 했고요. SNS 시대의 카피 짓기에 대한 일례라고 할 수 있겠습니다.

### 베스트셀러 제목의 네 가지 핵심

이번에는 책 제목에 대해 살펴보겠습니다. 당연한 이야기지만 베스트셀러 제목 중에는 좋은 것들이 많습니다.『만일 고교

야구 여자 매니저가 피터 드러커를 읽는다면』은 제목의 힘으로 베스트셀러가 되었다고 해도 과언이 아니죠. 이밖에도 이케가미 아키라가 쓴『전달력』, 2009년의 베스트셀러『알 듯하나 틀리기 쉬운 한자』, 가야마 리카의『엉겨 붙지 않는 삶의 방식』등, 무엇을 보든 제목의 중요성을 알 수 있습니다.

특히 신서*분야는 제목이 전부입니다. 신서는 판형이 작고 가격도 싸서 신인 작가의 책도 부담 없이 낼 수 있는 대신, 매달 150권이 출간될 정도로 경쟁이 치열하기 때문입니다.

이 신서 편집자 중에 가키우치 요시후미柿內芳文라는 사람이 있습니다. 그는 고분샤 신서 팀에서 일하면서 수많은 베스트셀러를 만들어냈죠. 그가 만든 신서 중에서 사람들에게 널리 알려진 제목들은 다음과 같습니다.『죽세공품 가게는 왜 망하지 않을까』,『99.9%는 가설』,『구직 활동하는 멍청이』,『신입사원은 왜 3년이면 그만둘까?』,『웹은 바보와 한량의 놀이터』.

하쿠호도 케틀의 크리에이티브 디렉터인 시마 고이치로가 편저한『브랜드 미디어의 제작법』에는 가키우치와 시마가 나눈 대담이 수록되어 있는데, 이에 따르면 가키우치 요시후미는 제목을 붙일 때 늘 네 가지 지점을 고려한다고 합니다.

---

* 103mm×182mm 크기의 도서 판형. 일본에서는 1938년 출간된 이와나미신서가 그 시작이다.

- 친근성: 제목에 사용한 표현이 내게 익숙한 표현인가?
- 내용성: 제목이 책 내용을 드러내고 있는가?
- 대화성: 제목을 통해 독자와 대화를 나눌 수 있는가? 찬반 여부를 떠나 의견을 들을 수 있는가?
- 충격성: 서점에서 그냥 지나치지 못할 정도로 눈을 끄는가?

그는 좋은 제목을 지으려면, 위 네 지점 사이의 균형을 의식하며 책에 가장 적절한 제목을 끊임없이 고민해야 한다고 말합니다. 참고해볼 만한 조언입니다.


## 유행어는 부패한다

제목을 짓는 일은 제게도 여전히 괴롭습니다. 아마도 편집의 모든 과정 중에서 편집자를 가장 힘들게 하는 건 제목을 짓는 과정일 것입니다. 누구나 납득할 수 있는 완벽한 제목이란 존재하지 않기 때문이죠. 누군가에겐 흡족한 제목이지만 다른 누군가에게는 아무 감흥도 주지 못하는 게 제목 짓기의 세계입니다. 앞서 살펴본 『작은 악마 아게하』와 『분게이슌주』, 두 잡지 제목의 결이 다른 것도 그 때문입니다. 두 잡지의 독자를 동시에 만족시키는 제목을 짓는 일은 불가능합니다.

비록 이처럼 끝이 없는 게 제목 짓는 일이지만, **생각이 막히면 원점으로 되돌아가야** 합니다. 그렇게 하지 않고 제목에 멋을 부리는 데만 정신을 팔다 보면 애초에 뭘 말하려고 했는지조차 잊게 되니까요.

잡지 제목은 시의적절해야 합니다. 만일 그것이 시대 정신을 반영했다면 모두의 기억에 남아 시대를 초월하는 제목이 될 것입니다. 그렇다고 해서 안일하게 유행어나 남발하다 보면 순식간에 언어는 부패합니다. 유효기간이 짧은 유행어를 쓰지 않고 시대를 적확하게 표현하는 게 결코 쉬운 일은 아니지만, 이 점을 늘 염두에 둬야 당대에 빛나면서도 시대를 초월하는 제목을 떠올릴 수 있을 것입니다.

### 쉬운 단어, 멋진 표현

영향력 있는 미국의 패션업계지 중에 『WWD』라는 신문이 있습니다. 『WWD 저팬』이라는 일본판 주간지도 있지만, 특히 미국판 『WWD』는 카피 감각이 좋기로 정평이 나 있죠.

그림 2-12는 꼼데가르송의 장식성이 돋보이는 패션에 착안해서 데코 딜라이트Deco Delight(장식하는 즐거움)라는 제목을 붙였습니다. 심지어 단어의 머리글자를 통일해서 운율마저 맞췄습니다.

그림 2-13는 모피Fur를 주제로 다룬 호로 Two Fur One(투 퍼 원)이라는 제목을 달았습니다. '둘이서 차를 마신다'라는 뜻의 Tea For Two(티 포 투)라는 관용구를 차용한, 재치가 돋보이는 제목입니다.

그림 2-14은 메종 마틴 마르지엘라의 옷을 다룬 지면으로, 격식 있는 옷에 변형을 가한 마틴 마르지엘라의 특색을 빗대 Cool Academy(쿨 아카데미), 즉 '쿨의 학교'라는 제목을 달았습니다.

이 제목들은 유행의 본질을 제대로 포착하고 있으며 재치가 빛납니다. 무척 쉬운 단어로 멋진 표현을 만들어내는 이들의 방식은 제목을 만들 때 매우 좋은 지침이 됩니다.

그림 2-15은 미국잡지협의회에서 2007년도 최우수 표지상을 받은 『텍사스 먼슬리Texas Monthly』 1월호입니다. 산탄총을 손에 쥔 채 인상을 쓰고 있는 딕 체니 전 미국 부통령이 실린 표지 상단에는 'BUM STEERS!'*라는 카피가 있고, 하단에는 '만약 이 잡지를 사지 않으면 딕 체니가 네 얼굴을 갈겨버릴 것'이라고 적혀 있습니다. 이 카피는 사냥 중 딕 체니가 오발 사고를 일으켜 변호사 친구에게 중상을 입힌 사건을 조롱한 것입니다. 하단 캡션에는 표지 사진은 합성한 것이라고 적혀 있군요.

그림 2-16은 뉴욕주 주지사 엘리엇 스피처의 매춘 클럽 스캔들을 취재한 『뉴욕 매거진』 2008년 3월 24일자 표지입니다. 'BRAIN(브레인)'이라는 글귀가 그의 다리 사이를 가리키고 있습니다. 이 표지는 미국잡지편집인협회ASME에서 2008년 최우수 표지상을 수상했습니다. 이상의 예들은 아주 심플한 이미지와 심플한 카피가 만나 최고의 시너지를 낸 사례입니다.

---

* '아차 실수!' 혹은 '의도적 오보'라는 중의적 뜻으로 쓰였다.

## 좋은 제목은 본질을 함축한다

저는 잡지를 여러 차례 창간했고 그에 따라 잡지 이름도 꽤 많이 지었습니다. 그러다 보니 '잡지 이름을 왜 그렇게 지었나요?' 하는 질문을 받기도 하는데, 여기서는 저의 네이밍 사례를 정리해보겠습니다.

제가 처음 지은 잡지 이름은 주식회사 로킹온의 『컷Cut』입니다. (그림 2-17) 이 이름은 무척 단순해서 여러 가지 의미를 담을 수 있다는 게 장점입니다. 로킹온은 당시 미국의 『롤링스톤』과 『인터뷰』의 기사 번역 사용권을 가지고 있었는데, 『컷』은 음악 이외의 기사를 모아서 음악잡지가 아닌 잡지를 만들겠다는 저의 초기의 구상에서 비롯된 잡지입니다.

당시 저는 '잘라내다cut up'라는 단어를 먼저 떠올렸습니다. 또 영국의 여성 펑크록 밴드인 슬리츠The Slits의 명반인 〈Cut〉도 머리 한구석에 자리 잡고 있었죠. 또 주식회사 로킹온의 대표 잡지가 록 매거진 『로킹온』이므로, 시대에 흔적을 남긴다는 뜻을 포함하면서도 록 스피릿이 느껴진다는 점에서 'Cut'이라는 단어가 적합하다고 생각했습니다.

한편 『컴포지트』는 잡지란 결국 무엇인가 하는 근본적 질문을 하면서 만든 이름입니다. (그림 2-18) 저는 잡지의 본질적 잡다함을 매우 사랑합니다. 잡지란 다양한 사람의 생각과 이미지들이 서로 대척하는 매체이며, 따라서 말 그대로 '잡다한 것雜'을 엮은 '기록誌'입니다. 이러한 잡지의 본질을 제대로 표현할 수 있는 말을 찾다가 '컴포지트composite(합성물)'라는 단어를 찾아낸 것이죠. 이 단어는 화학 반응을 일컬을 때 주로 쓰는데, 가령 '합판'은 영어로 '컴포지트 패널composite panel'이라고 합니다. 한편 그림이나 음악의 구성은 '콤포지션composition'이라고 하죠. 물론 그 어원은 같습니다. 유의어가 여러 개 있지만, 그 말의 본래적 의미가 잘 알려져 있지 않은 단어를 쓰면, 이미 사람들 안에 언어의 접점이 있어서 외우기 쉬울 것이라 생각했죠.

　『인비테이션Invitation』은, 『어른 피아おとなぴあ』라는 성인용 월간 문화지를 리뉴얼하는 프로젝트에 참여하면서 시작되었습니다. 수프 디자인Soup Design의 대표인 오하라 후미카즈와 제가, 잡지명과 판형을 바꿔서 완전히 새롭게 만드는 게 어떻겠느냐고 제안했더니 의외로 긍정적인 반응이 돌아온 것이죠. 그 결과 이례적으로 『컴포지트』의 편집장으로 있으면서, 피아와도 계약해 『인비테이션』의 편집장도 맡게 되었습니다.

　『인비테이션』이라는 잡지명은 눈 깜짝할 사이에 떠올랐습니다. 피아에 대한 일반인들의 인지도는 잡지 『피아』(2011년 7월에 휴간)보다 티켓 피아 쪽이 더 높아서 그 이미지를 활용해야 했는데, 새 잡지가 『피아』보다 높은 연령대의 독자를 타깃으로 정했으니 '초대장'이라는 이름이 어떨까 생각한 것입니다. 사실 첫 미팅 도중 수첩을 꺼내 메모했을 정도이니, 마치 영감처럼 아이디어가 떠오른, 제게는 참으로 의미가 깊은 잡지명입니다. (그림 2-19)

　『에코코로Ecocolo』는 환경 커뮤니케이션의 일인자인 마에

키타 미야코에게 도쿄 FM의 음악 이벤트를 위한 소책자 편집을 의뢰받은 게 발단이었습니다. 처음에는 약 1000명 규모의 공간에서 배포할 생태환경 주제의 책자를 만드는 일로 시작했죠. 지금은 세상을 떠난 노다 나기에게 아트디렉터를 맡겼고, 문고판보다 작은 판형에 컬러사진과 일러스트를 풍성하게 넣어 완성했습니다. 그런데 이 책자가 의외로 좋은 반응을 얻어서 금세 다 소진되었고, 부리나케 더 찍어서 도쿄 내 주요 서점에 배포했지만 그마저도 얼마 안 가서 동이 났습니다. 결국 이 소책자가 발전해서 『에코코로』라는 잡지로 탄생한 거죠.

이 잡지의 이름은 생태적 사고방식이나 가치관을 나타낼 수 있는 단 하나의 단어로 짓기로 마음먹었습니다. 그래서 첫 미팅 때부터 "에코적인 마음*, 즉 '에코코로'라는 이름을 제안했는데, 노다 나기가 "로고 만들기도 쉬울 것 같고 아주 좋다"라고 동의하면서 일사천리로 이름이 결정되었죠. (그림 2-20)

『리버틴스』는 무척 고민을 많이 한 이름입니다. 제게는 문화잡지는 교양을 얻기 위한 수단이며 교양은 자유를 얻기 위한 도구라는 생각이 늘 있었습니다. 그래서 자연스럽게 자유라는 단어에서 '자유인libertines'이라는 단어가 떠오른 것입니다.

17세기 자유주의 시대 영국의 시인이자 방탕아로 알려진 존 윌멋을 그린 〈리버틴Libertine〉이라는 조니 뎁 주연의 영화, '더

* 마음은 일본어로 '고코로こころ'

리버틴스'라는 영국의 록밴드, 또 뉴욕발 인디 패션으로 꽤 알려진 '리버틴'이라는 브랜드도 있었기 때문에 그 이름이 불쑥 떠올랐죠.

그러나 서칭을 꼼꼼하게 못한 바람에 '행복의 과학' 출판사에서 『더 리버티』라는 종교잡지를 내고 있다는 사실을 미처 알지 못했습니다. "『리버틴스』 창간 소식을 듣고 서점 직원에게 책을 찾아달라고 했더니, 행복의 과학에서 나온 책을 주더라"라는 이야기를 블로그나 트위터에서 보고 독자들에게 참 미안했습니다.

이상은 제가 지은 잡지명과 그에 따른 일화입니다. 이처럼 잡지의 이름이란 잡지의 콘셉트를 잘 드러내야 하며, 따라서 **해당 잡지의 본질을 간결하게 드러내는 이름**이어야 합니다. 이것은 그 어떤 이름을 지을 때도 마찬가지이므로, 이 개념을 잘 활용하면 다른 분야의 이름을 지을 때도 활용할 수 있을 것입니다.

### 잘 읽어야 잘 쓸 수 있다

앞서 좋은 카피를 만드는 일에는 정답이 없다고 말했습니다. 어느 시대인지, 어떤 미디어인지, 또 누구에게 전달할 것인지에 따라 말과 글에 대한 가치 기준이 달라지기 때문입니다. 그러므로 일단 시대와 그 전달 대상에 대한 철저한 분석을 선행해야 합니다.

카피에는 정답이 없지만 문장력은 훈련할수록 좋아집니

다. 또 문장력은 독서량에 비례합니다. 문필가나 작가, 카피라이터를 유심히 살펴본다면, 그들이 예외 없이 대단한 독서가라는 사실을 알 수 있습니다. 그러니 좋은 문장을 쓰고 싶다면 독서의 양과 질을 높여야 하겠죠.

작가 다카하시 겐이치로는 이렇게 말했습니다.

"한 가지 확실하게 말할 수 있는 것은 **무언가를 쓰기 위해 가장 중요한 건 '읽는 능력'**이라는 점입니다."

이건 평소 식생활을 소홀히 하는 일류 요리사가 존재하지 않는 것과 같습니다.

편집에서 제목이나 카피 짓기는 요리에 빗대자면, 주제에 맛을 더하는 작업입니다. 그러므로 상대방에게 어떤 맛을 선보일 것인지 고민해야 합니다. 식재료에 따라서는 재료를 그대로 써야 맛있을 때도 있지만, 그렇게 되려면 재료가 희귀한 것이어야 하고, 또 신선해야 하죠.

이에 덧붙여, 제목이나 카피를 지을 때는 지나치게 튀는 용어는 자제하고 되도록 평범한 단어를 사용하길 바랍니다. **단순한 언어로 시대성을 표현하는 것**입니다. 지금까지 예로 든 잡지 카피나 제목들도 지극히 평이한 단어로 되어 있었습니다. 한편 시대성이란 늘 변하므로 세상을 예의주시하면서 살아야만 체득할 수 있습니다. 그렇다고 독선으로 흘러서는 안 되며, 상대방에게 어떻게 전달하는 게 효과적일지 늘 생각해야 합니다.

마지막으로 언어의 달인들이 남긴 문장 철학을 소개하겠

습니다. 이토이 시게사토의 말입니다.

"센스도 재능도 아니고 진중한 생각이 먼저입니다. 듣기 좋은 미사여구를 늘어놓는다고 사람의 마음을 움직일 수는 없어요. 말이 서투른 사람이라도 진지한 눈빛으로 눈을 똑바로 바라보며 '열심히 하겠습니다'라고 하면 어쨌든 기대하게 되잖아요? 문장도 다를 게 없습니다."

한편 라틴 아메리카 문학의 대표 작가로 2010년 노벨문학상 수상자인 마리오 바르가스 요사는 이렇게 말합니다.

"어떤 문체가 정확한지 아닌지는 사실상 아무래도 좋은 겁니다. 중요한 것은 문체가 자기 역할에 걸맞은 기능을 수행하고 있는지 여부죠."

## 축적되어 촉발하는 이미지

3장에서는 편집의 기본 3요소인 '언어, 이미지, 디자인' 중에서 이미지 만드는 법을 살펴보겠습니다.

이미지는 사진, 일러스트, 회화, 동영상 등 시각 요소 전반을 일컫는 말입니다. '환상'이나 '상념'이 아니라 **미디어 게재를 전제로 하는 일체의 시각적 표현물이 바로 이미지**입니다. 즉 자신뿐아니라 다른 사람도 볼 수 있는 그림을 말하는 것이죠.

책 중에는 사진이나 일러스트 없이 텍스트와 디자인만으로 구성된 것도 많습니다. 가령 초기의 이와나미문고는 커버가 없었고 표지도 오직 텍스트로 되어 있었는데, 현재는 커버도 있고 표지에 이미지도 쓰고 있습니다. 이처럼 오늘날에는 대부분의 편집물에서 이미지가 사용됩니다.


### 하늘 아래 새로운 것은 없다

어떤 기획이나 주제에 적합한 이미지를 찾아야 하는데, 전혀 참조할 만한 이미지가 없다면 난감하겠죠. 결국 이미지는 참고가 될 만한 자료, 클라이언트나 공동 작업자 등이 알고 있는 이미지 등을 참조해서 만들어집니다. **제로 상태에서 멋진 이미지가 생겨나는 일은 결코 없습니다.**

국내외에서 활발하게 활동하며 대규모 순회 사진전 '혼마 다카시 뉴다큐멘터리'를 열기도 한 사진작가 혼마 다카시도 다음과 같이 말했습니다.

"'나는 천재니까'라든가 '진정 새로운 표현' 같은 말을 하면서 실제로는 어디선가 본 것들을 무의식중에 슬그머니 흉내 내는 사람을 가끔 만납니다. 하지만 지금 시대를 사는 우리는 의식하든 그렇지 않든 주변에서 많은 영향을 받으며 살고 있죠. 티끌 한 점 묻히지 않고 사는 게 불가능하다는 걸 있는 그대로 받아들이고, 역사 속에서 살고 있음을 인식한 뒤, 자기가 어떤 위치에 있는지 깨닫는 게 의미 없는 일은 아닐 테죠."

한편 『보그』, 『베니티 페어』 같은 유명 잡지에서 활동하며 아메리칸 익스프레스 광고 촬영을 맡기도 한 미국의 사진작가 애니 리버비츠Annie Leibovitz는 저서에서 다음과 같이 말했습니다.

"선배 사진작가들이 이룩한 방대한 기록을 내 머릿속 하드디스크에 백업한다는 상상을 합니다. 나는 사진 찍는 걸 무척 좋아하지만, 여전히 연구생이죠. 내 촬영 스타일은 사진 역사의 도움을 받아 만들어진 겁니다."

저 또한 지금까지 국내외 수백 명의 크리에이터와 인터뷰하고 세상에서 천재라 불리는 사람들과도 많은 이야기를 나누었는데, 그런 경험을 통해 딱 한 가지 알게 된 게 있습니다. '이 세상에 타고난 천재는 없다'라는 사실입니다. 모두 부단히 공부하고 노력하고 다른 사람과 협업하며, 때로는 야비할 정도로 타인의 아이디어를 훔치기도 합니다. 그게 천재의 현실입니다.


## 타깃을 생각하면
## 이미지가 보인다

편집물을 만들 때는 먼저 타깃을 정해야 합니다. 타깃이 있어야 메시지 전달 매체를 정할 수 있기 때문이죠. '타깃'과 '매체' 이 두 가지가 정해지면 어렴풋이나마 이미지가 절로 떠오릅니다. 즉 아무것도 없는 곳에서 파격적 이미지를 추구하는 게 아니라, 타깃을 확실히 설정하고 사용할 매체의 성질을 꼼꼼하게 파악해야 합니다. 이미지는 그 과정에서 조금씩 모습을 드러내는데, 이 지점이 매우 중요합니다.

**제약을 고려하는 것도 이미지를 만들 때 중요**합니다. 가령 주어진 주제에서 무조건 전달해야 하는 메시지가 있을 수 있습니다. '이런 사람을 꼭 써야 한다', '이런 정보는 꼭 활용해야 한다', '이 사진은 꼭 필요하다', '꼭 이렇게 디자인 해달라'라는 등의 제약이 붙기 때문입니다.

일단 그런 제약을 지킨 결과로서 자연스럽게 도출되는 이미지가 있습니다. 다만 이처럼 필요조건만 충족시키는 이미지는 메시지 전달이라는 면에서 잘못된 것은 아니나, 대체로 재미있는 결과물이 되기는 어렵겠죠.

## 타깃을 벗어난 상상력도 필요하다

여러분이 편집자 혹은 커뮤니케이션 관련 일을 하며 살아가고 싶다면, 세상에 널린 이미지들을 사람들에게 매력적으로 보이도록 다룰 줄 알아야 합니다. 이를 위해서는 원래 주제에서 멀리 벗어나야 할 때도 있습니다. 진자의 추가 눈금을 벗어난 상태를 떠올려보는 것도 좋겠습니다. 정보 전달성이 높은 주제 이미지는 물론이고, 전하고자 하는 메시지와 동떨어져 보여 정보 전달성은 약하지만 대신 사람들에게 깊은 인상을 주는 이미지도 함께 살펴야 합니다. 이 두 이미지 사이에 분명 정답이 있을 테죠.

결국 즐거움과 놀라움, 신선함이 담긴 이미지와 메시지를 함께 전달하는 게 가장 효과적일 겁니다. 광고계에서는 늘상 하는 고민이지만, 발신자의 메시지를 잘 전달하면서도 동시에 매력적으로 보여주는 일은 출판에서나 웹에서나 마찬가지로 중요합니다.


## 좋은 이미지를 만들려면
## 이미지를 축적하라

좋은 이미지를 만들어내기 위해서는 이미지 저장소를 마련해야 합니다. 천재라 불리는 사람들이 멋진 이미지를 만들어내는 건 머릿속에 풍부한 저장소가 있기 때문입니다.

한번은 도쿄 FM의 라디오 프로그램에서 새 앨범 프로모션차 일본을 방문한 숀 레넌을 인터뷰했는데, 이 인터뷰에서 그는 무척 흥미로운 말을 했습니다.

손 레넌은 자기 머릿속에는 '라이브러리 오브 팝 뮤직, 라이브러리 오브 팝 컬처'가 있다고 말했습니다. 즉 그의 안에는 대중음악과 대중문화의 도서관이 있다는 것이었습니다. 그는 어려서부터 수많은 음악을 들었고, 다양한 종류의 예술을 탐닉했을 뿐 아니라 수많은 크리에이터가 그의 집을 드나들었으므로 그들과의 교류도 넓고 깊었습니다. 또 손 레넌은 놀라울 만큼 영화에 조예가 깊었는데, 미야자키 하야오와 데시가하라 히로시의 영화를 무척 좋아한다고 했습니다. 물론 영화의 내용까지 상세하게 기억했음은 물론입니다. 따라서 그는 자기 머릿속에 대중문화의 도서관, 즉 저장소가 구축되어 있다고 말한 거죠.

이처럼 **크리에이터는 머릿속에 풍부한 저장소를 항상 지니고 있어야** 합니다. 가령 뮤지션 사카모토 류이치의 박식함은 널리 알려져 있습니다. 음악은 물론이고, 영화, 철학, 미술 등 문화 전반에 대단한 식견을 가지고 있죠. 야마시타 다쓰로의 팝과 블랙 뮤직에 대한 경이로운 컬렉션 및 깊은 조예나 전 피치카토 파이브의 고니시 야스하루의 팝뮤직 전반에 대한 방대한 지식도 유명합니다.

패션 디자이너 중에서는 펜디FENDI를 오랫동안 이끌었던 칼 라거펠트가 그런 인물입니다. 그는 스스로를 '컴퓨터'라고 칭하기도 했죠. 마크 제이콥스도 현대 예술과 디자인 전반에 대해 보통을 넘어서는 지식을 가지고 있습니다.

영화감독 중에도 박식한 사람이 많은데, 예술영화에서 B급 영화까지 차별 없이 다루는 쿠엔틴 타란티노의 왕성한 제작욕은 잘 알려져 있습니다. 건축은 그야말로 박식가들의 천직 같은 분야로 그중에서도 안도 다다오의 박식함은 유명합니다. 잡지 기사 등에 자주 소개되듯 안도 다다오의 건축사무소 각 층 벽면에는 수많은 책이 빼곡하게 들어차 있습니다. 그처럼 방대한 저장소가 있었기에 그의 수많은 건축물이 태어날 수 있었던 것이죠.

## 명작의 배후에는 원작이 있다

여러분이 알고 있는 명작의 배후에는 그것의 밑바탕이 된 작품이 있을 때가 많습니다. 음악을 예로 들자면, RC 석세션RC Succession의 대표곡 '비 갠 후 밤하늘에雨上がりの夜空に'는 모트 더 후플Mott the hoople의 'Drivin Sister'가 모티브입니다. 오자와 겐지의 'Lovely'는 베티 라이트의 'Clean Up Woman'을, 일본 팝을 대표하는 슈거 베이브Sugar Babe의 명곡 'Downtown'은 아이슬리 브라더스The Isley Brothers의 'If You Are There'의 영향을 받았고요.

또 쿠엔틴 타란티노의 영화 〈저수지의 개들〉은 그가 좋아하는 홍콩의 영화감독 린링둥林嶺東의 〈용호풍운City on Fire〉과 내용이 무척 흡사하고, 〈킬빌〉은 여러 영화의 내용을 콜라주하듯 완성한 작품입니다. 영화평론가이자 칼럼니스트인 마치야마 도모히로의 해설에 따르면 〈킬빌〉은 후카사쿠 긴지와 홍콩 쇼

브라더스사 영화에 대한 헌정작으로 〈서부의 여걸 한니Hannie Caulder〉, 〈사망유희〉, 〈슈라유키히메修羅雪姬〉, 〈그림자 군단影の軍団〉, 〈야규 일족의 음모柳生一族の陰謀〉 같은 영화나 텔레비전 드라마를 인용한 흔적이 곳곳에 남아 있습니다. 또 장 뤽 고다르 감독의 초기 명작인 〈네 멋대로 해라〉, 〈미치광이 피에로〉도 각종 영화와 문학을 인용해서 만들어졌죠.

　　뮤지컬 명작이라 할 수 있는 〈웨스트사이드 스토리〉의 기본 설정은 셰익스피어의 『로미오와 줄리엣』에서 그대로 가져왔습니다. 문학 부문을 살펴봐도 마찬가지입니다. 무라카미 하루키의 초기 작품에서는 리처드 브라우티건과 커트 보니것의 영향이 강하게 드러납니다. 그러나 이런 작품들은 원작의 존재를 부정하지 않으면서도 크리에이터의 취향과 메시지를 확실히 드러내며, 구성의 마무리 또한 일품이죠.

　　잡지 중에도 원작을 바탕으로 내용을 꾸미는 잡지가 있습니다. 미국의 『W』가 그렇죠. 이 잡지는 권말에 그 호의 패션 스토리 관련 아이디어의 출처를 고지하는 'Back Story'라는 공간을 마련하고 촬영에 참고한 사진이 무엇이었는지 밝힙니다. (그림 3-1) 따라서 동종 업계종사자가 보기에 매우 유익하죠. 『W』가 이 정도로 원전을 확실하게 밝히는 데는 자신들이 만들어낸 이미지의 완성도에 자신이 있기 때문일 겁니다.

## 백 번 듣는 건
## 한 번 보는 것만 못하다

'백문이 불여일견'이란 말이 있듯, 시각 이미지에는 첫눈에 사람을 움직일 수 있는 강력한 힘이 있습니다. 이미지 편집의 주요 목적은 이미지를 통해 즉시 사물을 설명하고, 그 힘으로 대상의 행동을 이끌어내는 것입니다.

### 이미지는 사실을 전달한다

미디어에서 주로 쓰는 이미지는 사진과 동영상이며, 거기에 일러스트나 회화 혹은 조형물 등을 추가할 수 있겠습니다. 사진을 좋아하는 사람이라면 아래의 말이 친숙할지도 모르겠군요.

"진실을 사랑하고, 진실을 표현하고, 진실함을 호소하는 사진."

다큐멘터리 사진으로 유명한 사진작가 도몬 겐의 말입니다.

사진은 진실을 찍는 매체라는 인식이 아주 강합니다. 증거 사진이라는 말이 있듯, 사진은 실제 일어난 사건을 찍어서 증거 역할을 할 수 있죠.

잡지나 신문이나 웹, 가끔은 광고에서도 사진의 리얼리티를 담으려는 시도를 볼 수 있습니다. 보도 계통 미디어는 물론이고, 『내셔널지오그래픽』처럼 여행과 탐험이 주제인 화보 위주의 잡지나 가십을 다루는 옐로페이퍼에서도 사진의 리얼리티를 매우 중시하죠.

그림 3-2, 3은 『내셔널지오그래픽』의 중국 특집으로, 이 지면에는 그들의 특기인 역동적 다큐멘터리 사진이 가득합니다. 단지 현실감만 노리는 게 아니라 치밀하게 계산된 구도의 힘을 느낄 수 있는 사진들입니다.

한편 다큐멘터리 계열의 사진작가나 예술가들도 리얼리티를 중시합니다. 낸 골딘Nan Goldin이나 래리 클라크Larry Clark 같은 사진작가는 자신들이 체험한 삶의 생경한 장면을 꾸밈없이 표현해서 높은 평가를 받습니다. 또 그들은 이런 강렬한 현실감을 살려서 예술계뿐 아니라 패션지와 광고계에도 뛰어들었습니다. (그림 3-4, 5)

사진에 비해 리얼리티가 약하지만 일러스트도 여전히 진실 전달에 유효한 이미지입니다. 재판정 모습을 그린 법정 화가의 그림을 텔레비전 뉴스에서 본 적이 있을 겁니다. 법정 화가가 주인공인 〈나를 둘러싼 것들ぐるりのこと〉이라는 영화에서 보듯, 그림의 진실성을 의심하지 않는 사람들도 여전히 많습니다. 이처럼 **이미지는 리얼리티를 드러내며 진실을 전달하는 매체로서 기능합니다.**

## 이미지는 거짓말을 한다

물론 **이미지는 거짓말을 하기도 합니다.** 2011년에는 영국의 한 국회의원이 줄리아 로버츠가 모델인 랑콤 화장품의 광고를 두고 "보정이 너무 지나쳐서 모습이 비현실적"이라고 지적하자, 영국 광고표준위원회ASA가 해당 광고의 잡지 게재를 금지했다는 뉴스가 보도된 적이 있습니다. 랑콤의 판매사인 영국의 로레알은 "줄리아 로버츠의 사진에 디지털 보정을 가한 것은 맞으나, 보정 전 사진은 그녀와의 계약관계 때문에 공개할 수 없다"라고 밝혔죠. "우리가 입수한 증거로는 이 광고 사진이 상품의 효과를 올바르게 나타낸 것인지 아니면 디지털 보정으로 과장한 것인지 어떤 결론도 내릴 수 없다"라는 게 게재 금지를 결정한 이유라고 합니다.

디지털 기술이 보편화되면서 사진 수정 및 보정이 얼마든지 가능해졌습니다. 특히 광고나 포스터에 실리는 유명인의 얼굴을 고치는 건 당연시되고 있고요.

한편 사진의 역사를 되돌아보면, 사진은 그 시작부터 창작물이었습니다. 20세기 초반을 대표하는 사진작가 만 레이Man Ray가 찍은 사진의 대부분은 합성사진이었습니다. 즉 사진은 거의 100년 전부터 거짓말을 한 셈입니다. 여기서 '거짓말'이라는 표현이 좀 과하다면 '사진은 판타지'라고 표현하는 게 좋겠습니다.

사진의 판타지성은 광고 사진이나 패션 사진, 유명인 사진에서 주로 볼 수 있습니다. 최근 유명한 패션 사진작가 중에서 데이비드 라샤펠David Lachapelle이나(그림 3-6, 7), 팀 워커Tim Walker(그림 3-8, 9)의 사진은 철저한 거짓의 세계이자 판타지의 세계입니다. 기술과 돈을 아낌없이 쏟아붓는 광고 사진은 소비자에게 끝없이 판타지를 제공하죠. 저명 광고인이자 저술가인 아마노 유키치도 이렇게 말합니다.

"광고는 사기입니다. 새빨간 거짓말의 세계고요. 이런 새빨간 거짓말로 사람들을 홀려서 그들에게 부러움을 사는 단계를 지나 '이야, 정말 흥미로워요' 같은 칭찬을 듣는 사람이야말로 광고의 천재라고 해도 좋을 겁니다."

이처럼 새빨간 거짓말인 광고를 흥미롭게 만드는 광고 천재 중에 장폴 구드Jean-Paul Goude라는 사람이 있습니다. 아트디렉터이자 사진작가, 연출가이자 이미지 메이커라는 말이 딱 들어맞는 그는, 파리에서 활약하며 샤넬과 갤러리 라파예트 백화점의 광고 사진으로 널리 이름을 알렸습니다. 그가 만든 광고 이미지는 대담하고 호화로우며 재치가 넘칩니다. 인위적으로 만든 세계에서 새빨간 거짓말을 늘어놓으면서도 '광고야 어차피 거짓말이니 차라리 즐기시라'라고 말하는 듯한 강한 호소력이 느껴집니다. (그림 3-10, 11)

구드의 작품에서는 그 거짓됨이 가감 없이 전달됩니다. 언어예술에서도 그렇듯, 사람들은 진실을 알려주는 이미지도 원하지만, 동시에 혼을 쏙 빼놓을 정도의 기발한 거짓에도 열광하는 법입니다.

매스미디어의 진실과 거짓을 두고 『크래시』, 『태양의 제국』 등을 쓴 작가 J. G. 밸러드는 이렇게 말합니다.

"매스미디어가 현실 세계를 팝아트의 세계로 바꿨기 때문입니다. 존 F. 케네디 암살부터 이라크 전쟁까지, 온갖 사건이 팝아트처럼 다뤄지고 있어요. 여기에는 절대적 진실도 절대적 거짓도 없습니다."

## 이미지는 쉽게 설명한다

**이미지에는 사물을 쉽게 전달하는 능력이 있습니다.** 그래서 가전제품 등의 취급 설명서에는 일러스트나 사진이 많이 활용되죠. 얼마 전 이케아에서 책장을 샀는데 조립 설명서를 보니 그림 3-12처럼 일러스트만으로 조립법을 전부 설명하고 있었습니다.

글자를 쓰지 않고 이미지만 제시할 때도 있습니다. 공항이나 미술관 등에서 흔히 볼 수 있는 '픽토그램pictogram'이라는 그림문자가 그것입니다. 불특정 다수가 모이는 장소에는 언어 대신 의미를 전달할 수 있는 기능적 이미지가 필요합니다. 일본에서는 1964년 도쿄올림픽 개최를 계기로 픽토그램이 비약적으로 보급되었습니다. 언어를 넘어서는 의미 전달력을 가진 이미지의 만국 공통성 덕분에 사인 디자인이 발달한 것이죠.

## 이미지는 도발한다

**이미지는 메시지를 전달할 뿐 아니라 사람을 놀라게 하고 부추기는 역할도** 합니다. '충격적인 표현'이라는 말처럼, 이미지는 종종 강한 충격으로 작용합니다.

그림 3-13에는 사람이 폭발하듯 터지는 장면이 묘사되

어 있습니다. 영국의 패션 사진작가 닉 나이트가 『빅 매거진Big Magazine』의 '닉 나이트 특집호'에 발표해서 물의를 빚은 사진입니다. 물론 이 장면은 컴퓨터로 가공한 것이지만, 그럼에도 충격적인 것은 어쩔 수 없습니다.

그림 3-14, 15도 닉 나이트의 작품입니다. 『데이즈드앤컨퓨즈드DAZED & CONFUSED』 1998년 12월호에 실린, 장애인 모델을 기용한 패션 화보입니다. 급작스럽게 세상을 떠난 패션 디자이너 알렉산더 매퀸과 함께 진행한 화보로 인간의 아름다움을 새삼스레 일깨워주는 작품입니다.

잡지 표지에서도 충격 요법은 종종 쓰입니다. 특히 1960년대에 『에스콰이어』는 표지의 화제성으로 크게 알려졌습니다. 이 무렵 『에스콰이어』의 표지를 맡은 사람은 그래픽디자이너 조지 로이스로, 성 세바스티아노처럼 화살을 맞은 무하마드 알리, 면도하는 여성, 메이크업을 받는 닉슨 전 미국 대통령, '아, 이럴 수가, 어린 소녀를 쏘고 말았다'라는 미군 병사의 독백을 커다란 활자로 표지에 싣는 등, 그가 만든 모든 표지에서는 도발이 느껴집니다. (그림 3-16)

이어지는 그림 3-17은 데미 무어의 만삭 누드가 실린 『베니티 페어』의 표지입니다. 촬영은 애니 리버비츠가 했죠.

패션 사진에서는 성적인 표현이 두드러집니다. 브루스 웨버의 남성 브리프 광고(그림 3-18)는 상승곡선을 타던 캘빈클라인을 주춤하게 만든 요인이었습니다. 반면 이보다 뒤에 공개된 아베

크롬비앤피치의 일련의 이미지들은 각각 지렛대 역할을 하며 브랜드 인지도를 순식간에 올려놓았습니다. 캘빈클라인 광고를 만든 아트디렉터 샘 샤히드는 저와의 뉴욕 인터뷰에서 성적 이미지의 힘에 대해 다음과 같이 말했습니다.

"섹슈얼리티는 자석과 같아요. 유혹의 냄새를 풍기죠. 사람들은 그런 이미지를 돌아보고 주시합니다."

패션 사진작가 테리 리처드슨도 작품에 드러나는 적나라한 성적 표현 때문에 지지와 비난을 동시에 받는 작가입니다. (그림 3-19)

저 또한 이 같은 에로티시즘의 요소를 작품에 사용하길 즐깁니다. 그림 3-20은 오키노 슈야와 오사와 신이치 등이 참여한 〈교토 재즈 매시브〉라는 클럽 재즈 옴니버스 앨범 재킷입니다. 옴니버스 앨범이므로 특정 뮤지션을 부각하지 않은 대신 에로틱한 임팩트를 주는 데 중점을 두었죠. 모델이 앨범 타이틀이 프린트된 넥타이만 걸치고 있지만 외설적 느낌이 없도록 했고, 여성들에게 거부감을 주지 않으려고 흑백으로 촬영했습니다. 이 앨범은 재킷이 화제가 되어 예상 밖의 판매고를 올렸습니다.

**결국 편집에서 도발적 이미지를 사용한다는 것은 터부taboo에 도전한다는 뜻입니다.** 섹스, 권력, 차별 등 일상적으로 다루지 않는 요소를 군이 끄집어내 요리해보는 것이죠. 물론 이런 작업에는 위험이 뒤따르지만, 언어를 초월하는 이미지의 특성을 잘 활용하는 표현법 중 하나라고 보면 되겠습니다.

## 이미지는 공감하게 한다

이미지에는 그저 주시하게 되는 측면 외에도 감정이입이 쉽다는 장점이 있습니다. 공감하기 좋다고 하면 될까요. 미디어 업계에서 '공감'이란 단어는 실로 자주 쓰입니다. 광고나 마케팅 쪽에는 '공감 마케팅'이라는 용어가 있을 정도죠. 이처럼 다소 안이한 방식으로 공감을 강요하는 마케팅이 남발되고 있는 것이 현실입니다.

한편 틀에 박히지 않은 공감 이미지로서, 저는 사진작가 아사다 마사시의 사진집 『아사다 가족』을 예로 들어보겠습니다. (그림 3-21, 22) 기무라 이페이상을 수상한 이 사진집은 아사다 마사시가 여러 해 동안 자신의 가족을 찍은 결과물입니다. 언뜻 보면 흔하디 흔한 가족사진 같지만, 실은 이곳에 실린 사진은 모두 설정된 사진입니다. 가족들이 소방대원이 되었다가 어느 날은 록밴드로 변신하는 등, 작위적 세계인 것이죠. 구도와 조명 배치 등 솜씨는 프로페셔널하지만, 보면 볼수록 흐뭇한 친밀감이 사진 면면에 흐릅니다. 가족이 함께 모여 까불고 장난칠 때 느끼는 일종의 '공범 의식'이 엿보이기도 하고요. 『아사다 가족』이라는 사진집에 실린 가족사진들은 손때가 꼬깃꼬깃한 가족사진을 빼어나게 재생하면서도 그들의 가족애에 공감하게 하는 무척 뛰어난 이미지입니다.

## 사진에는 없는 그림의 매력

지금껏 사진 중심으로 이미지를 설명했지만, 사실 사진 발명 이전에는 그림이 미디어의 중심이었습니다. 정확성이라는 측면에서 사진을 따라갈 수 없지만, 그림에는 그림만의 매력이 있습니다. 여기서는 추상화와 구상화의 예를 들어보죠.

혹시 색채로만 구성된 그림을 본 적이 있는지요? 그림 3-23, 24는 네덜란드 출신 그림책 작가인 레오 레오니의 베스트셀러 『파랑이와 노랑이』에 수록된 이미지입니다. 파랑이라는 파란 존재와 노랑이라는 노란 존재의 교류를 그린 이 책은, 일종의 색채 교육서인 동시에 다른 존재와의 소통을 묘사한 우화입니다.

이 책은 보기에는 추상적이지만 하나도 어렵게 느껴지지 않습니다. 어렵기는커녕 그 추상성이 핵심을 더 잘 드러내 이해를 돕는 보기 드문 예입니다.

이어서 구상화의 예를 살펴보겠습니다. 그림 3-25, 26은 『컴포지트』 2003년 4월호 '세계 동시 일러스트 혁명!' 특집입니다. 4월호를 만들 때는 일러스트 분야에서 컴퓨터의 영향이 커진 현실을 반영해 사진을 거의 쓰지 않고 주요 이미지를 일러스트로만 채웠습니다. 이 작업에는 국내외 10명의 일러스트레이터가 참여했죠.

표지 이미지로 쓰인 실재에 가까운 일러스트는 르네 하베마쉐르와 야니스 트시폴라니스 콤비가 제작한 것으로, 일단 모델을 실사 촬영하고 컴퓨터로 공들여 가공한 이미지입니다. 일반적인 패션 사진보다 훨씬 디테일해서 사진과 일러스트의 경계를 허무는 듯한 느낌을 주죠. 히로 스기야마가 이끄는 비주얼 팀 인라이트먼트Enlightenment에서 제작한 영화감독 레리 클라크의 일러스트도 사진을 컴퓨터로 손본 것인데, 마치 유화처럼 표현되었습니다. (그림 3-27)

이렇듯 그림은 추상적으로도, 구상적으로도 표현할 수 있는 아주 매력적인 표현 수단입니다. 사실성과 정확성을 추구하는 미디어의 특성상 사진만큼 활용되지는 않지만, 그림에는 사진으로는 표현할 수 없는 것을 표현할 수 있는 가능성이 있습니다.


## 오마주로 온고지신

앞서 모든 명작에는 그 근간에 원작이 있다고 했는데, 이처럼 원작에 대한 오마주hommage를 담은 이미지도 보는 사람에게 강한 인상을 줄 수 있습니다. 그 예로 영화의 오마주 작품을 주로 발표하는 피터 린드버그의 사진을 들어보겠습니다. 그림 3-28~34는 『하퍼스 바자』에 게재된 그의 사진들로, 빔 벤더스의 영화 〈베를린 천사의 시〉의 오마주입니다. 천사가 도시(영화에서는 베를린, 사진에서는 뉴욕)로 내려와서 사람들과 어울리려 하나, 사람들에게는 천사의 모습이 보이지 않습니다. 결국 천사, 즉 모델은 거리를 방황하게 되는데, 모델의 의상은 '천사'라는 역할에 걸맞게 흰색과 은색으로 설정되어 있습니다.

이 사진들은 영화에 대한 오마주이므로 구성 또한 영화적입니다. 모든 컷에서 롱숏과 클로즈숏의 대비가 돋보이지만 천사의 시점에서 도시를 내려다보듯 찍은 부감 숏은 그중에서도 가장 멋집니다. 뉴욕의 도시적 매력을 잘 드러내는 조감 사진과 모델의 얼굴을 극도로 당겨 찍은 사진의 대비도 일품이고요. 그랜드센트럴역과 타임스퀘어는 뉴욕을 대표하는 관광명소라 촬영 허가 받는 게 쉽지 않았을 텐데, 아마 사전에 치밀하게 준비했겠죠. 원작을 단순히 패러디하거나 베끼지 않고, 탁월한 촬영 기술과 주도면밀한 계획을 바탕으로 오마주라는 문화 계승 역할을 해낸 것입니다.

그림 3-35, 36은 잡지 『W』에 실린 사진들입니다. 이 사진에 등장하는 패션은 유명 뮤지션의 독특한 스타일을 오마주한 것으로 클라우스 노미, 시드 비셔스, 프린스의 패션을 현재 스타일로 연출했습니다. 사실 너무 한눈에 알 수 있어서 웃음도 나오지만, 누가 봐도 바로 지금의 패션 사진인 것은 분명합니다.

그림 3-37은 제가 제작한 〈X-렉스〉라는 옴니버스 앨범의 재킷 이미지입니다. 일본 아티스트들이 1970년대를 풍미한 영국의 록 밴드 티렉스T-Rex에게 헌정하는 앨범으로, 나카니시 도시오와 내추럴 칼라미티 등이 참여했습니다. 재킷 모델로는 배우 이치카와 미와코를 썼고, 예산 부족으로 촬영은 제가 직접 했습니다. 티렉스의 대표 앨범 〈The Slider〉를 오마주했다는 걸 바로 알 수 있도록 구도를 잡았고, 로고는 당시 아웃도어 브랜드로 인기가 높

던 엑스걸X-Girl풍으로 제작해 당대의 느낌을 가미했습니다.


## 이미지는 해상도에 따라 변한다

　사람은 더 실제적이고 선명하게 사물을 보고 싶어 합니다. 마치 눈이 스스로 욕망하고 있는 듯 말이죠. '더, 더, 더'를 추구하는 이 욕망은 끝이 없지만, 이처럼 더 명료하게 세상을 보려는 욕망에 응답이라도 하듯, 최근에는 대형 카메라로 찍고 포스트 프로덕션(촬영 뒤 이뤄지는 각종 보정 및 수정) 과정을 거친 사진이 점차 늘고 있습니다. 사진의 **해상도가 높아지면 사진에 찍힌 대상의 질감도 달라지기 때문**이죠.

　그 대표적인 예가 안드레아스 구르스키라는 독일 사진작가의 사진입니다. 그는 초대형 카메라를 써서 현대사회의 스펙터클을 포착하는데, 시카고 선물거래소, 평양의 매스게임, 프라다의 부티크, 록 콘서트를 찍고 육안으로 보기 힘든 디테일마저 보이도록 이를 뛰어난 해상도로 재현합니다. (그림 3-38, 39) 그가 다루는 피사체의 규모와 그 압도적 묘사력 덕분에 풍경 사진landscape photo의 세계는 구르스키 이전과 이후로 나뉘게 되었죠. 그를 어떻게 극복해서 새 방향을 개척했는지가 이후 풍경 사진의 평가 기준이 되었을 정도입니다. 구르스키의 사진은 그 높은 가치를 인정받아서, 그의 원본 사진은 사진물로서는 최고가인 30억 원이 넘는 금액으로 경매에서 낙찰되었습니다.

그림 3-40, 41은 시노야마 기신과 제가 함께 만든 『도쿄 어딕트Tokyo Addict』라는 사진집입니다. 이 사진집에서는 8×10 사이즈의 대형카메라를 써서 오늘날의 도쿄를 세밀하게 포착했습니다. 구르스키와 같은 고해상 기록물을 만들려는 의도였죠.

그림 3-42는 『시노야마 기신의 롯폰기힐스Roppongi Hills by Kishin Shinoyama』라는 사진집으로, 3-43은 롯폰기힐스 아레나에서 매월 1회 진행되는 태극권 이벤트를 촬영한 컷입니다. 대형 카메라의 높은 해상도를 활용해 롯폰기힐스를 상공에서 비스듬하게 포착한 듯한 구도로 찍었습니다.

## 상하이×패션×쿵후

그림 3-44~46은 『컴포지트』특집 '상하이 컨템퍼러리'를 위해 빔스BEAMS와 함께 진행한 패션 스토리입니다. 빔스의 개성적인 캐주얼 라인을 소개하는 게 목적이었죠.

상하이 느낌이 물씬 풍기는 패션 스토리로 꾸미겠다는 목표를 가지고, 쿵후를 할 줄 아는 여학생을 현지에서 캐스팅했습니다. 상하이의 온갖 쿵후 도장을 전전하며 "쿵후 할 줄 아는 귀여운 친구 없을까요?" 하고 찾은 끝에, 겨우 세 명을 선발할 수 있었죠.

이 사진을 찍을 때 참조한 것은 저우룬파와 장쯔이 주연의 〈와호장룡〉입니다. 장쯔이처럼 귀엽고 액션이 가능한 사람을 찾았는데, 역시 발품을 파니 그런 친구가 나타나더군요. 쿵후 세계대회에 여러 번 출전한 무술지도 전문가 진샤오양의 꿈은 장쯔이 같은 배우가 되는 것! 이 백 턴back turn 컷은 바닥 매트도 없이 만족스러운 결과를 얻을 때까지 100회 이상 반복 촬영한 결과입니다. 땀 한 방울 흘리지 않고 완벽하게 착지하는 그녀를 지켜보며, 스태프는 물론 뉴욕에서 온 사진작가 키차 앨러드도 박수를 아끼지 않았습니다.


## 이미지는 거리감에 따라 변한다

그림 3-47, 48은 사진작가 쓰루타 나오키가 『인비테이션』에서 연재한 여배우 시리즈입니다. 모델은 아소 구미코였고요.

이 시리즈에서는 유명인과의 거리감을 강조하는 약속된 포즈와 웃는 얼굴을 배제하고, 사진 찍는 사람과 피사체 간의 거리를 좁혀서 '친밀감'을 연출하고자 했습니다. 사진을 주의 깊게 살펴보면, 그 주제는 물론이고 피사체와 사진작가 사이의 관계성마저 엿보이죠. 어쩌면 보는 사람이 깜짝 놀랄 정도의 친밀감을 표현한 사진들입니다.

이런 효과를 내기 위해 카메라에 링 스트로보스코프라는 기구를 달았고, 실내에서 촬영했습니다. 링 스트로보스코프는 본래 인물용이 아니라 사물을 찍을 때 쓰는 접사용 기구로, 이 기구를 카메라에 부착하면 피사체에 그림자가 생기지 않아서 이미지가 생생하게 포착됩니다.

이 촬영 때도 어느 정도 레퍼런스를 염두에 두었습니다. 그림 3-49, 50은 마크 제이콥스나 비비안 웨스트우드의 광고 사진을 찍는 유르겐 텔러의 작품으로, 그는 꼭 스냅사진이라도 찍듯 피사체와의 거리감이 거의 느껴지지 않는 구도로 사진을 찍습니다. 그는 링 라이트스트로보 대신 일반 스트로보를 카메라 본체에 장착해서 촬영하고, 뒤에 보정을 해서 사진의 톤을 통일시킨다고 합니다.

〈네버 렛 미 고Never Let Me Go〉를 찍은 영화감독이자 마돈나와 레니 크래비츠의 뮤직비디오를 제작한 마크 로마넥도, 가수 피오나 애플의 〈크리미널Criminal〉 뮤직비디오를 찍을 때 비슷한 방식을 썼습니다. 영화 촬영용 카메라에 작은 라이트를 달고 피사체에 매우 근접한 상태로 실내 촬영한 것이죠.

이처럼 **이미지를 표현할 때 거리감은 무척 중요한 요소입니다**. 거리감이 가까운 사진은 단지 광학적으로 클로즈업된 사진과는 다르게 피사체가 무방비로 노출되면서 보는 사람의 마음을 편안하게 합니다. 이런 거리감으로 19인의 여배우를 찍은 사진집에 쓰루타 나오키는 『나인틴 룸스19 rooms』라는 이름을 붙였죠.


### 퀄리티·업데이트·리스펙트

원작에 대한 오마주가 진부해지지 않으려면 두 가지를 고려해야 합니다. 첫 번째는 퀄리티quality입니다. 질 좋게 마무리되지 않으면 작품이 하찮은 코미디로 전락하기 때문이죠. 두 번째는 시대에 맞게 작품을 업데이트하는 일입니다. 때로 훌륭한 작품을 오마주했다는 것 자체로 끝나버리는 경우가 있는데, 그전에 꼭 필요한 메시지를 정확하게 전달하는 게 먼저입니다. 오마주라는 걸 과도하게 의식해서 원작에서 헤어나지 못하면 메시지 전달에 실패하게 되니 이 점도 신경 써야 합니다. 저 또한 과거에 비슷한 실수를 많이 했습니다.

이왕 오마주를 할 것이라면 원작자에게 감사 인사를 받을 정도의 작품을 만드는 걸 목표로 삼는 게 좋겠습니다. 가령 세상에는 비틀즈의 영향을 받은 곡이 수도 없이 많은데, 그중에는 폴 매카트니가 듣고 기뻐할 만한 곡과 그렇지 않은 곡이 있을 겁니다. 그렇다면 당연히 그를 기쁘게 하는 곡을 만드는 게 좋겠죠. 물론 쉬운 일은 아니겠지만요.

앞서도 말했지만, 쿠엔틴 타란티노의 영화에서는 원작에 대한 애정과 존경심이 그대로 드러납니다. 그의 영화를 본 후카사쿠 긴지나 지바 신이치도 분명 기뻐했을 테죠. 여러분도 그런 미래를 떠올리며 앞으로 나아가기를 바랍니다.


### 이미지에 설탕을 넣지 마라

저는 이미지를 만들 때 가급적 설탕을 첨가하지 않으려고 애씁니다. 억지로 단맛을 내지 않고 재료가 가진 본래의 맛을 이끌어내기 위해서죠. 제 기준에 **설탕에 해당하는 것은 '웃는 얼굴', '아이', '동물'의 이미지**입니다. 이 중 어느 하나만 넣어도 손쉽게 행복한 느낌을 전달할 수 있으니 많은 사람이 즐겨 사용하죠. 아이가 동물과 같이 웃고 있는 사진을 보고 불쾌함을 느끼는 사람은 없습니다. 누가 어떤 매체를 통해서 공개해도 일단 호감을 얻는 소재입니다. 다만 이런 이미지에서 독창성을 발견하기는 어렵습니다.

애니 리버비츠는 좀처럼 웃는 얼굴을 찍지 않는 것으로 유명한데, 그 이유는 이렇습니다.

"나는 피사체에게 웃으라고 요구한 적이 한 번도 없어요. 그들에게 억지로 뭔가를 요구하는 건 거짓을 조장하는 일 같아서요."

반면 '웃는 아이'의 얼굴을 독창적으로 쓴 예도 있습니다. 그림 3-51은 꼼데가르송의 광고 이미지로, 치아 교정 중인 아이 사진은 자칫 좋지 못한 인상을 줄 수도 있지만, 이토록 무방비로 웃고 있으니 오히려 호감을 가지고 보게 됩니다. 이 이미지에는 약점을 강점으로 바꾸는 강렬함이 있습니다. 꼼데가르송의 아트 디렉터 이노우에 쓰구야의 도전 의식이 돋보이는 한 컷이죠.

## 전달하기보다 촉발시켜라

아이디어가 떠오르지 않으면 일단 처음으로 돌아가야 합

니다. 누구에게 무엇을 전달하고 싶은지 원점으로 되돌아가서 생각해보는 것이죠. 물론 이때 지나치게 되돌아가면 아이디어가 시시해지므로 주의해야 합니다. 크리에이터에게는 원점에서 다시 시작하더라도 그곳에서 다시 재미를 발견할 정도의 에너지가 있어야 하죠.

이미지 창작에 정답은 없습니다. 완벽한 소설과 회화, 완벽한 음악이 없는 것과 마찬가지죠. 오히려 셀 수 없을 만큼 접근법이 다양하다는 게 다행일지도 모릅니다. 진지하게 접근해도 되고 섹시하게 접근해도 되며, 한가롭게 접근해도 됩니다. 혹은 마니아적으로 접근해도 되고요.

저는 미디어에 대해 생각할 때 '**전달만 해서는 전달되지 않는다**'라는 현실을 늘 고려합니다. 각종 매체에서는 '몇백만이 보았다'라든지 '몇만 명에게 DM을 보냈다' 같은 말을 자주 언급하지만, 물리적으로는 전달되었을지 몰라도, 이 말이 곧 '신경 쓰고 있다', '주목 받고 있다', '공감하고 있다', '자극받고 있다'라는 뜻은 아니기 때문이죠. 우리는 날마다 각종 정보를 접하지만 그것들을 일일이 의식하지는 않습니다.

고로 **편집에서 중요한 것은 전달하는 것보다 촉발하는 것입**니다. 바로 대상을 촉발시키기 위해서 좋은 이미지가 필요한 것이고요. 전달과 촉발 사이에는 넘어서기 힘든 벽이 있고, 그것을 넘어서려면 큰 도약이 필요합니다. 따라서 이미지에 어떻게 날개를 달아줄 것인가 하는 것이 바로 크리에이터에게 가장 큰 도전입니다.

이렇게 말하는 제게도 이 일은 무척 어렵습니다. 몇날 며칠을 고민해도 고민은 계속 깊어질 뿐이라고 말하는 게 어쩌면 솔직한 심정입니다.

# 디자인은
# 형식이 메시지다

여기서는 편집의 기본 3요소 중 디자인에 대해 살펴보겠습니다. 최근에는 편집의 영역이 점차 넓어지고 있듯 디자인의 영역도 점점 확대되고 있습니다.

일반적으로 우리에게 친숙한 디자인으로 인쇄물의 그래픽디자인, 잡지나 서적의 편집 디자인, 의복 관련한 패션 디자인, 인터넷 사이트를 꾸미는 웹 디자인, 또는 상품 디자인과 건축 디자인을 들 수 있습니다. 여기에 더해 요즘에는 환경 디자인이나 사람들의 사회 참여를 촉구하는 소셜 디자인처럼, 눈에 보이지 않아 그 개념을 한마디로 정리하기 힘든 영역에까지 디자인이라는 용어가 쓰이고 있죠.

그렇다면 디자인이란 무엇일까요? '편집은 무엇인가', '예술은 무엇인가' 같은 물음처럼 한마디로 이 질문에 답하기는 무척 어렵습니다. 다만 이 책 자체가 '편집이 무엇인지' 답하기 위한 나름의 시도이므로, 그 연장선상에서 '디자인이란 무엇인지' 제 나름의 생각을 밝혀보겠습니다.

## 디자인은 사물에 대한 견해를 제시하는 일

제 생각에 **디자인이란 '사물을 어떻게 보는지 구체적 견해**

를 제시하는 일'입니다. 특정 세계관, 새로운 옷과 체형의 관계, 새로운 거주공간, 새로운 휴대전화의 형태, 더 나아가 사람과 사람을 잇는 새로운 방법 등 주어진 주제에 일정한 시점을 정립하고, 특정 매체나 상품 또는 행동으로 드러내는 행위 일체가 디자인이라는 말입니다.

이런 식으로 생각해보면 편집과 디자인 사이에는 유사성이 있고 서로 교차하는 영역과 공유되는 지점이 많습니다. 그 까닭에 분야를 불문하고 훌륭한 디자이너들은 편집자적으로 사고하고 행동하곤 합니다. 물론 편집자도 디자이너 같이 사고하고 행동할 때가 있죠.

여기서는 디자인의 수많은 영역 중에서 '미디어 디자인'으로 범위를 한정해 편집의 관점에서 살펴보겠습니다.


## 디자인은 콘텐츠의 세계관을 만든다

그렇다면 편집의 영역에서 디자인은 어떤 역할을 할까요? 언어와 이미지를 재구성해서 하나의 세계관을 만들어내는 것이 바로 디자인의 역할입니다. 이때 편집은 디자인을 통해 비로소 완성되죠. 아무리 멋진 글이나 좋은 이미지를 늘어놓아도 디자인이 좋지 않으면 그 편집물은 설득력을 얻기 힘듭니다.

멋진 글과 각종 미사여구로 장식되어 있지만 이미지와 디자인이 빈곤한 예로서 정치 전단을 들 수 있습니다. 정치인이나 각종 운동단체가 그들의 목적을 관철하기 위해 거리에서 나누어 주는 전단을 봅시다. 그들은 사회를 염려하고 나라를 걱정하며 자신의 주장을 열정적으로 외치지만, 전단을 좋은 디자인으로 전달하려는 열의는 그다지 높지 않아 보입니다. 물론 일본적군日本赤軍*을 다룬 야마모토 나오키의 만화『레드』의 선전 전단처럼 유머 넘치는 예외도 있지만요. (그림 4-1)

"다 됐고, 언어만으로도 충분해"라고 생각하는 사람도 있겠지만, 언어의 힘만으로 전혀 알지도 못하는 사람의 주목을 끌고 메시지를 전달해서 그를 움직이게 하는 건 대단히 어렵습니다. 만약 대기업 홍보부에서 이런 생각을 하고 있다면 그들이 하는 광고는 언어로만 꾸며져야 할 겁니다. 하지만 실제로는 그렇지 않죠.

미디어 세계에서 디자인이란 상상 이상으로 중요합니다. 사람들이 뭔가를 보고 '이건 나한테 필요한 건데?', '뭔가 내 취향인데?' 하고 생각하는 그 **1초도 안 되는 순간의 판단을 결정짓는 핵심 요소가 바로 디자인**이기 때문입니다.

편집에서 디자인의 진면목은 언어와 이미지에 담긴 의미를 잘 헤아려서 이들을 조화롭게 부각시킬 때 드러납니다. 우리는 사물을 볼 때 일단 전체를 보기에, 디자인으로 인상이 정해지고 언어와 이미지는 그다음 차례입니다. 따라서 사람들의 시선을

* 일본의 제국주의에 반대해 1969년 조직된 일본의 공산주의 무장단체

사로잡아 울림을 주지 못하면, 그 속에 어떤 좋은 말과 멋진 이미지가 있어도 메시지는 전달되기 어렵습니다.

## 형식이 곧 메시지

디자인은 콘텐츠의 스타일, 즉 형식을 정하는 행위입니다. 콘텐츠를 보는 대상에게 언어나 이미지를 어떤 형식으로 전달할지 뿐 아니라, 어떤 형식이 커뮤니케이션을 불러일으키는지마저 고민하는 게 디자이너의 역할이죠. 아래는 형식의 중요성을 언급한 두 개의 명문입니다.

"'제임스 조이스의 이 작품에서 형식은 곧 내용이며, 내용은 형식이다.' 사뮈엘 베케트는 『피네간의 경야』를 두고 이렇게 언급했다. '그의 작품은 그 무엇인가에 대해 쓴 게 아니다. 그 무언가 자체다.'"

"매클루언은 '미디어는 메시지'라고 말했는데, 이 말을 더 비유적으로 풀자면 '형식은 메시지'라는 말이 된다."

즉 형식이야말로 내용이자 메시지라는 말입니다. 여기서는 '형식'이란 단어를 곧 디자인이라고 이해해도 무방한데, 저는 이에 덧붙여 이렇게 말하고 싶습니다. '편집의 형식이야말로 내용이자 메시지'라고요.

이 말은 이 책에서 제가 꼭 전달하고 싶은 내용 중 하나입니다. 편집은 언어나 이미지를 개별적으로 전달하는 일이 아닙니다. 이 요소들이 통합된 편집 형식 자체에 메시지가 있고, 그 형식을 능수능란하게 다루면 메시지가 강력한 힘을 가지고 보는 이를 움직이게 만드는 것이니까요. 그리고 이를 바로 '편집의 묘'라고 하는 것입니다. 따라서 **편집 디자인이란 언어나 이미지라는 각각의 악기를 능숙하게 다뤄서 멋진 화음을 만드는 행위**입니다. 그러니 디자인이 기능을 잘해야만 아름답고 절묘한 연주가 가능합니다.

## 그래픽디자인의 원형은 그로테스크

미디어에서 디자인의 원류는 인쇄물을 다루는 그래픽디자인입니다. '그래픽디자인'이라는 명칭은 1922년에 미국의 디자이너이자 타이포그래퍼인 윌리엄 애디슨 드위긴스가 처음 썼습니다. 이 말인즉슨 인류사에서 봤을 때 그래픽디자인은 고작 100년도 되지 않은 새로운 장르라는 말입니다. 전화와 라디오, 비행기가 세상에 선 보인 뒤에야 생겨난 명칭이자 직업인 것이죠.

20세기 그래픽디자인의 기본형을 만든 동력은 '노이에 티포그래피Die Neue Typographie'라고 불리는 디자인 운동입니다. 독일 바우하우스의 혁신적 지도자이자 아티스트인 나슬로 모호이너지와 얀 치홀트가 제창한 이 운동은, 손글씨가 아니라 고딕체, 정확하게는 산세리프체의 조합 서체를 기준으로 삼고, 그림 대신 사진을 사용하자는 게 내용의 골자였습니다. 지금 보면 실로 당

연한 말이지만 당시에는 혁신적 생각이었던 셈이죠. (그림 4-2)

당시에는 고딕체를 그로테스크체라고 불렀습니다. 그때까지 주류였던 로마체나 획 끝이 돌출된 서체(세리프체) 등과 비교하면 무척 기발하고도 괴이해 보여서 그렇게 부른 듯합니다.

그러던 것이 요즘은 고딕체와 산세리프체가 서체의 주류를 이루고 있습니다. 가령 공항이나 지하철 등의 표지판은 대부분 고딕 혹은 산세리프체로 되어 있죠. 잡지의 타이틀이나 광고, 기업의 CI에서도 고딕과 산세리프체가 주로 쓰입니다.

이런 노이에 티포그래피의 이념을 계승한 것이, 제2차 세계대전 직후 1950년대 스위스에서 전개된 '스위스 스타일' 혹은 '국제 타이포그래피 양식'이라고 불리는 그래픽디자인 양식입니다. 이 양식의 특징은 고딕과 산세리프체의 적용 지면을 격자로 구획해서 세밀하게 배치하는 그리드grid 시스템이라는 점입니다. (그림 4-3)

참고로 전 세계에서 가장 일반적으로 사용하는 로마자 서체인 헬베티카Helvetica는 1957년 스위스에서 탄생했습니다. 아이폰 iOS의 시스템 폰트이기도 한 헬베티카는 본래 라틴어로 '스위스'라는 뜻입니다. 스위스 스타일이 20세기 후반 그래픽디자인에 무척 커다란 영향을 줬음을 알 수 있는 대목입니다.

이처럼 그래픽디자인의 역사는 혁신적이고도 그로테스크하다고 여긴 것들이 새로운 주류가 되는 과정이었으며, 이 과정은 문화의 순환이 어떻게 이뤄지는지 보여주는 무척 알기 쉬운 예입니다.

## 디자인은 국경을 넘는다

오늘날 잡지 디자인의 원형을 만든 사람 중에는 미국으로 망명한 러시아인 알렉세이 브로도비치가 있습니다. 1898년 러시아에서 태어난 그는 제1차 세계대전 참전 뒤 파리로 망명해 포스터 만드는 일을 시작했습니다. 그 뒤 미국으로 넘어가 1934년에는 패션잡지 『하퍼스 바자』의 아트디렉터가 되었고, 24년간 이 잡지를 세계 굴지의 패션잡지로 키웠습니다. 알렉세이 브로도비치의 특징으로는 사진의 대담한 트리밍, 여백의 다용多用, 샤프한 타이포그래피, 예술 사진의 적극적 채용을 들 수 있습니다. 이 모든 게 당시 패션잡지의 상식을 깨는 일이었죠. (그림 4-4~6) 리처드 애버던이나 어빙 펜 같은 20세기를 대표하는 사진작가들이, 그가 하는 디자인 강좌의 학생이었다는 것도 익히 알려진 사실입니다.

미국의 잡지 디자인을 대표하는 또 하나의 인물은 알렉산더 리버만입니다. 1943년부터 1961년까지 『보그』 아메리카의 아트디렉디를 맡은 사람이죠. 『보그』의 전성시대를 견인한 리버만 역시 망명 러시아인이었습니다. 공교롭게도 브로도비치처럼 그도 파리에서 재능을 만개하다가 미국으로 넘어간 케이스입니다. 리버만은 대담하게도 『보그』라는 미국의 대표 잡지에 유럽 취향을 접목했고 유럽의 인맥까지도 끌어들였습니다. (그림 4-7)

이처럼 오늘날 우리가 미국 잡지의 표준으로 여기는 디자인에는 망명 러시아인의 손길이 스며 있습니다. 『하퍼스 바자』와 브로도비치, 『보그』와 리버만의 이야기는 문화를 선도하는 큰 법칙을 단적으로 보여준 실례로, 문화인류학자 야마구치 마사오는 '중심과 주변'이라는 자신의 이론을 통해 다음과 같이 말합니다.

"인간이 주변으로 내몬 것, 즉 '중심'과 대비하기 위해 한쪽 구석으로 내몰았던 모든 것들이 하나로 통합되어 중심을 위협한다. 이 '주변적' 사물에 특정 형태를 제시해서, 이 사물이 가진 활력을 이 세계(중심)로 끌어들여야 한다."

즉 당시 변방이었던 러시아에서 온 두 명의 디자인 기재(문화인류학적으로 말하자면 디자인의 '트릭스터trickster'*)가 세계대전 뒤 미국의 잡지 디자인, 아니 더 나아가 세계 잡지 디자인의 원형을 구축한 셈입니다. 둘 다 정규 디자인 교육을 받은 적이 없었고 패션에 정통하지도 않았지만, 예술에는 조예가 깊었죠. 어찌 보면 디자인과 패션의 '중심'으로 '주변'적 시점과 주변의 인맥을 발 빠르게 끌어들인 것이 성공의 밑거름이 된 것입니다.

앞서 말했듯, 디자인은 사물을 보는 구체적 견해를 제시하는 일입니다. 이 두 사람의 에피소드는 뛰어난 디자인은 미래를 내다보고(예견적) 국경을 초월(월경적)한다는 사실을 알려줍니다. 그러니 사물을 보는 선구안을 가지고 글로벌한 시점으로 견해를 제시하고, 내일의 디자인 스탠더드는 오늘의 그것과는 다를 것이라는 태도로 모든 일에 대응하는 게 중요하겠죠.

---

* 문화인류학에서, 도덕과 관습을 무시하고 사회 질서를 어지럽히는 신화 속의 인물이나 동물 따위를 이르는 말

## 디자인이란 원칙을 정하는 일

디자인은 미디어를 완성시킵니다. 그렇다면 디자인의 아름다움을 결정짓는 요소는 무엇일까요? 저는 아름다운 **디자인의 핵심 요소는 원칙과 질서**라고 생각합니다. 흰 여백에 글과 이미지를 무질서하게 배치하는 것은 디자인이 아닙니다. 아무것도 없는 공간에 원칙과 질서를 정해서 글과 이미지를 배치하는 행위가 디자인입니다. 이 과정에서 때로는 기존의 원칙을 깨부수고 새로운 질서를 도입해야 할 때도 있겠죠. 그러나 펑크록에도 그것만의 형식이 있듯 파격적인 디자인에도 나름의 원칙과 질서는 있어야 하는 법입니다.

## 타이포그래피라는 원칙

그렇다면 실제 디자인을 할 때 질서를 부여하는 방식에 대해 살펴보겠습니다. 여기서는 잡지 편집 디자인을 중심으로 설명하려 합니다. 저의 전문 영역이기도 하지만, 잡지 디자인은 평면을 넘어서 다양한 요소를 다루고 복수의 지면으로 영역을 확장하므로 디자인의 규칙성을 설명하기에 적절하기 때문입니다. 시작은 타이포그래피로 해보겠습니다. 즉 문자를 고르고 조판해서 판면의 중심과 주류를 설정하는 방법입니다.

우선 그림 4-8, 9 『아이디ᴵᴰ』 2010년 겨울호를 살펴보죠. 슈퍼모델 케이트 모스가 등장하는 패션 스토리에 카네이 웨스트의 장시간 인터뷰, 이어서 배우 나딘 코일의 인터뷰가 실린 면입니다. 이 지면들에서 볼 수 있는 원칙은 셀로판테이프를 붙인 듯 도드라지게 표현한 글자입니다. 실제 타이핑을 한 뒤 테이프 형태로 오려 붙인 것을 스캔했는지 컴퓨터에서 CG 작업을 한 것인지는 알 수 없지만 유니크한 설정이 돋보입니다.

제가 참여한 『컴포지트』 2004년 10월호 '패션은 유행 중인가?' 특집에서는 물음표를 지면 곳곳에 배치한다는 원칙을 세웠죠. 같은 호의 영문판(그림 4-10, 11)은 『더 페이스』의 아트디렉터였던 그레이엄 라운스웨이트에게 디자인을 맡겼는데, 각 기사의 머리글자를 대담할 정도로 크게 삽입하는 원칙을 적용했음을 볼 수 있습니다.

### 공간이라는 원칙

그림 4-12~15는 아리야마 다쓰야가 아트디렉터로 참여한 『쿠넬Ku:nel』 2010년 7월호의 교토 특집입니다. '거리와 카페'라는 주제로 오오야 미노루라는 유명 커피 바리스타와 함께 교토의 커피숍을 탐방하는 내용이죠. 그림을 자세히 보면 공간 구성에 원칙이 있음을 알 수 있습니다. 각 페이지의 구성은 4단 분할로 되어 있는데, 본문은 항상 한 단에만 삽입되어 있습니다. 사진은 위혹은 아래 1, 2단에 삽입하고 있고요. 그림 4-14는 3단째에 본문이 들어가 있고, 위 두 단이 사진입니다. 페이지에 따라 본문의 위

치가 조금씩 바뀌지만 전체 4단 구성은 지켜지고 있죠. 이렇게 본문 구획이 고정된 형태는 자칫 단조로워지기 쉬운데, 4단 분할이라는 틀 안에서 본문의 위치를 옮긴다는 원칙을 만들고 그 속에서 구성의 묘를 추구한 게 아리야마 다쓰야의 감각입니다. 게다가 도판의 수가 꽤 많은데도 전혀 지저분해 보이지 않는 것도 대단합니다.

아울러 오오야 미노루를 모르는 사람을 위해서 '오오야 커피의'라고 작게 손글씨를 삽입했습니다. 덕분에 독자는 오오야 미노루가 커피하고 관련된 사람이겠거니 하고 추측할 수 있죠. 또 '거리와 카페'에 대한 교토 특집이란 사전 정보가 있으니 교토의 거리와 카페에 대한 기사란 것도 알 수 있습니다.

각 지면에서 커피숍 정보에 둘러진 괘선은 손으로 그린 것입니다. 보통 이런 선을 그릴 때는 컴퓨터로 작업하지만, 여기서는 일부러 손을 써서 사람의 체취가 느껴지도록 했습니다. 선의 폭이 미묘하게 다른 이유도 그 때문이죠. 또 처음에 누구인지 추측만 해야 했던 오오야 미노루도 마지막 페이지에 그 모습을 드러냅니다.

이런 흐름을 따라가다 보면 언뜻 불친절해 보이지만 실은 무척이나 친절한 레이아웃임을 알 수 있습니다. 참으로 멋진 작업이죠.

## 색이라는 원칙

**색 사용의 원칙을 정하는 것도 아주 효과적인 디자인 기법**입니다. 우선 그림 4-16의 『더 페이스』 1992년 5월호를 보죠. 'Love sees No Colors'라는 특집으로 '사랑은 색을 가리지 않는다'라는 인종차별 반대 메시지를 담고 있습니다. 주제에 맞게 다양한 색을 슬며시 지면에 배치하는 기법을 구사하고 있고요.

그림 4-17은 『하퍼스 바자』 1993년 8월호의 뷰티 코너로 『더 페이스』와 거의 같은 기법을 쓴 듯하지만, 더 세련된 느낌입니다. 모델의 메이크업 색상과 글자의 색상을 일치시켰기 때문이죠. 크리에이티브 디렉터 파비앵 바롱의 기지가 눈에 보이는 듯합니다.

이어지는 그림 4-18은 제가 작업한 책으로 아사히출판사의 '컬처 스터디'라는 시리즈입니다. 일반 문고판 형태의 문화평론 시리즈를 제작했는데, 독창적 브랜딩 기법으로 유명한 사토 가시와와 표지 작업을 함께했습니다. 평론이라는 장르가 주는 어려운 느낌을 최대한 쉽게 풀기 위해 색면 구성만으로 표지와 띠지를 만들었고, 표지의 절반까지 올라오도록 띠지를 키워서 표지와는 다른 색을 입혔습니다. 띠지를 벗기면 단색의 책이 되는 거죠. 결과적으로는 매대에 깔아놓았을 때 무척 눈에 띄는 시리즈가 되었습니다. 이 시리즈 중에서 마쓰이 미도리의 『'예술'이 끝난 뒤의 '아트'』는 미술평론으로서는 이례적으로 스테디셀러가 되었습니다.

## 선이라는 원칙

그림 4-19~21은 『까사 브루터스』 2010년 11월호입니다. '세계가 주목하는 건축가 사나SANAA를 아십니까?'라는 제목 아래 세계적인 건축가 세지마 가즈요와 니시자와 류에를 다룬 특집이죠. '사나'는 두 사람이 세운 건축사무소의 이름입니다. 이 특집의 지면에는 가는 선이 삽입되어 있어서, 이 선들이 페이지 사이를 헤엄치듯 경쾌하게 이어집니다. 이 단순한 원칙이 두 사람이 만드는 건축물의 특징인 경쾌함과 단순함을 대변하는 것입니다.

이처럼 억지로 멋을 부려서 통일감을 유도하지 않고, **주제의 본질을 발견해서 주제를 더 부각시키는 원칙을 만들어내는 게 좋은 디자인**입니다.


## 요소가 많아도 단순해질 수 있다

우유를 특집으로 다룬 『마사 스튜이트 리빙』 2006년 4월호는 사진이 아주 멋집니다. 목장에서 짠 우유를 딸기에 붓는 사진이 무척 감각적인데(그림 4-22), 주의 깊게 봐야 할 것은 그다음 펼침면입니다. 열두 컷이나 되는 사진이 삽입되어 있는데도 전혀 산만해 보이지 않죠. 디자인은 심플한 게 가장 좋다는 것이 일반적인 정설이지만, 이 지면만큼은 예외입니다.

자세히 살펴보면 이 펼침면 디자인에는 원칙이 있습니다. 앞서 지면을 격자형으로 구획하는 것을 그리드 시스템이라고 부른다고 말했죠. 이 페이지는 이 그리드 시스템에 따라 지면 구획을 사전에 확정하고서 사진을 배열했습니다. 레이아웃의 중심을 명확하게 정하고 사진 크기에 따라 배열 원칙을 정했기 때문에 열두 컷의 사진을 넣어도 산만해 보이지 않는 것이죠. (그림 4-23)

### 세계 어디서든 원칙은 지킨다

그래픽디자인의 원칙 말고도 사진 찍는 법, 페이지 전개 방법처럼 편집과 디자인이 결합될 때 생겨나는 통합 원칙도 있습니다.

그림 4-24~27은 『월페이퍼Wallpaper』 2010년 11월호 'TOP 200, 꼭 방문해야 할 세계의 200곳' 특집입니다. 이 특집에는 전 세계 여러 대도시를 동일한 콘셉트로 촬영한 사진이 실렸습니다. 촬영 장소가 취리히든 베이징이든 서울이든 모든 곳에서 사진 콘셉트를 통일한 것이죠. 사진은 각기 다른 사진작가가 스트로보를 이용한 데이라이트 싱크로Daylight Synchro* 기법을 써서, 한낮에 동일한 구도로 야외에서 찍었습니다. 사진을 찍는 사람도, 장소도, 모델도, 스태프도 다 달랐지만, 명확한 지시를 통해 일관성 있는 결과물을 얻어낸 사례입니다.

이 사진들이 주는 일체감과 통일성에서는 편집과 디자인

---

* 역광 상태의 피사체가 상대적으로 어두워지는 것을 방지하기 위해 플래시가 필요 없는 낮일지라도 플래시를 발광시켜 적정 노출을 얻는 사진 촬영법

의 힘이 느껴집니다. 취재와 촬영 전에 진행 방법을 일목요연하게 정리해서 모든 스태프와 공유하지 않으면 이런 결과물을 만들어 낼 수 없습니다. 전 세계 어떤 곳에서도 '원칙'대로 기사를 만들어 내는 게 이 특집이 목표였던 셈입니다.

　　그래픽과 사진의 통일감이라는 점에서 다음에 볼 패션 스토리도 완성도가 높습니다. 그림 4-28~31은 『하퍼스 바자』 1997년 3월호로, 슈퍼모델 린다 에반젤리스타의 모습이 수평선을 살린 통일된 구도 속에서 잘 표현되었습니다. 여기서 공개하는 사진은 전체의 일부로, 나머지 사진들에도 모든 배경에 수평선이 들어가 있으며, 심지어 문단 구성도 이 수평선 콘셉트에 따라 디자인되었음을 볼 수 있습니다. 편집과 아트디렉션과 촬영이 기막힌 조화를 이룬 좋은 예죠.


## 조건이 다르면 원칙을 통일하라

　　그림 4-32~35는 제가 진행한 『에코코로』 창간호 표지입니다. 한눈에도 무척 전통적 방식으로 지면을 구성한 것이 보입니다. 『에코코로』 창간호는 '유명인들에게 환경에 대한 질문을 하자'라는 아이디어에서 시작했습니다. 당시 화이트 밴드 프로젝트[*]가

---

[*] 2005년 영국에서 시작되어 전 세계로 퍼진 빈곤 근절 캠페인의 하나. 참가자들은 흰색 손목 밴드를 차고 빈곤 해결을 세계의 당면 과제로 삼아야 한다고 주장했다.

한창이었고 이에 대한 온라인의 비판 여론 또한 거셌기 때문에 잡지를 통해 그들의 진정성을 드러내고자 했죠. 물론 편집 디자인 면에서 정공법이 일정 퀄리티를 보장해줄 거란 믿음도 있었습니다.

이를 위해 미야자와 리에, 히로스에 료코, 고유키, 구리야마 지아키, 나쓰키 마리, 미야자키 아오이, 나카시마 미카 같은 유명 여성 연예인들에게 흰 밴드를 채우고 흰옷을 입힌 다음, 흰 배경에서 환경에 대한 인터뷰를 나누었고, 이 모습을 촬영했습니다. 이때도 피사체, 사진작가, 스튜디오 등 모든 요소가 흩어져 있었기 때문에, 동일 효과를 연출하기 위해 조명 및 촬영 방법을 통일했고요. 편집 디자인의 **원칙을 지키면 촬영 상황이 달라져도 어느 정도 이미지에 통일감을 줄 수 있음**을 확인한 작업이었죠.

## 기본을 알고 참신한 원칙을 만든다

지금까지 소개한 디자인 원칙들을 깨고 참신한 원칙을 만들어내는 것도 디자인의 즐거움 중 하나입니다. 그 예로서 1980년대부터 1990년대에 걸쳐 다수의 디자인 실험을 해온 영국의 잡지 『더 페이스』를 살펴보겠습니다.

배우 에드워드 노튼을 커버 스토리로 다룬 1999년 12월호를 보죠. (그림 4-36~38) 이 커버 스토리는 무척 참신한 시도를 하고 있습니다. 당시 〈파이트 클럽〉에서 에드워드 노튼이 연기한 신경

중 청년을 묘사라도 하듯, 이 커버 스토리는 포스트잇을 붙인 듯한 지면이 좌우 펼침면으로 세 페이지 전개된 다음 본문이 시작됩니다. 큰 제목과 리드카피에 이어 본문이 시작되는 일반적 패턴에서 탈피한 것이죠. 현실과 몽상 사이에서 착란을 일으키는 영화 속 주인공의 상황과 완벽하게 맞아떨어지는 디자인입니다.

그림 4-39~41은 마돈나 특집입니다. 보통 잡지 표지는 강조하고 싶은 내용은 크게, 그렇지 않은 내용은 작게 표시해서 기사의 중요성을 구분하는데, 마돈나 특집의 이미지들은 글자 크기가 전부 똑같습니다. 오직 마돈나만을 강조하고 싶다는 듯 'Madonna'라는 글자를 열 번이나 반복해서 쓰고 있죠. 사진만 봐도 마돈나 특집이라는 걸 알 수 있지만, 그녀의 이름을 열 번이나 반복하니 마돈나가 한층 더 도드라져 보입니다.

기사의 시작 면에 표지 더미Dummy(모조품)가 등장하고, 이곳에서는 섹스, 드러그drug 같은 금기어를 강조하고 있습니다. 이어서 표지 더미를 제차 등장시키는데, 처음에는 대체 무얼 하자는 것인지 알 수 없지만, 가만히 보면 새 원칙을 만들고 그것을 반복하고 있음을 알 수 있습니다. 참으로 지적인 디자인이죠.

기존 스타일을 부수고 **새로운 원칙을 만들려면 기본에 대한 철저한 이해가 있어야** 합니다. 그것이 없으면 무엇을 부숴야 할지도 알 수 없기 때문입니다. 참신해 보이는 에드워드 노튼의 커버 스토리 디자인도, 사실 요소만 놓고 보면 제목과 타이틀이라는 기본을 지키고 있습니다. 잡지 디자인의 원칙을 충분히 숙지하고 어디를 비틀면 참신해 보이는지 아는 사람이 디자인했다는 게 보입니다.

## 제정신이 아닌 것도
## 원칙이 될 수 있다

그림 4-42~46은 안젤리나 졸리와 위노나 라이더가 출연한 〈처음 만나는 자유〉 영화 팸플릿입니다. 그림 4-42에서 보듯 담뱃갑보다 작은 크기의 책을 붕대로 감고 스티커로 고정시켜서 꽤나 음산한 느낌의 이미지를 연출했죠. 이 작업을 할 때는 붉은색 손글씨를 쓴다는 원칙을 세웠고, 영화의 배경이 정신병원이므로, 팸플릿에도 제정신이 아닌 듯한 상태에서 만든 듯한 터치를 가미했습니다. 마치 스토커의 중얼거림처럼 배우의 이름을 붉은색 손글씨로 적고, 두 명의 주인공이 뇌까리는 상스러운 말이 크게 보이도록 배치했으며, 심지어 붉은 펜으로 수정한 부분까지 그대로 인쇄했죠. '제정신이 아니라는 게 콘셉트'였기 때문입니다. 이 팸플릿은 이처럼 놀이하듯 작업했는데, 단관 개봉 영화치고는 좋은 흥행 성적을 거두어 무척 기뻤습니다.

## 레이아웃마저 디자인해야 한다

잡지나 일반 단행본의 편집 디자인을 할 때는 펼침면 디자인뿐 아니라 기사 전체 혹은 특집 전체, 더 나아가 잡지 전체의 흐름에 주목해야 합니다. 이러한 지면 배열을 레이아웃이라고 하며, 레이아웃 전체를 철저하게 파악해서 정교하게 구성하는 것이 편집 디자인의 기본입니다. 즉 레이아웃마저 디자인해야 한다는 뜻입니다.

이건 영화 편집과도 비슷합니다. 영화 편집은 장면과 장면을 조정해서 이야기의 시간을 자유자재로 조작해, 때로는 역동적이게, 때로는 부드럽게 장면의 조화를 연출하는 일이기 때문입니다. 이런 기술과 감각은 편집 디자인을 할 때도 요구됩니다.

## 몽타주 기법은 이미지와
## 이미지를 곱하는 것

영화 학교에서 반드시 가르치는 영화 제작의 교과서 같은 고전 영화기 있습니다. 바로 세르게이 M. 예이젠시테인의 〈전함 포템킨〉입니다. 1905년 제정 러시아 시절 전함 포템킨의 수병들이 일으킨 반란 사건을 영화화한 작품으로 1925년에 제작되었죠. 이 영화가 교과서 대접을 받는 이유는 바로 몽타주 기법*을 처음 사용했기 때문입니다.

---

* 영화나 사진 편집 구성 방법으로 각각 촬영한 화면을 떼어 붙여서 하나의 장면이나 내용으로 만드는 일

이 몽타주 기법이 가장 돋보이는 장면이 영화사상 압권의 6분으로 평가되는 '오데사의 계단' 신입니다. 군대의 발포에 시민들이 계단에서 하나둘 쓰러지는 이 신에서, 질서정연하게 도열해 감정 없는 로봇처럼 총만 쏘아대는 병사들은 그래픽적으로 표현되고, 공포에 떨며 절규하고 우왕좌왕하는 시민들의 표정은 이에 대비되어 클로즈업됩니다.

또 총에 맞은 엄마의 손을 벗어난 유모차와 그 유모차의 움직임을 쫓는, 손에 땀을 쥐게 만드는 이동 숏도 압권입니다. 이 모든 장면이 멋지게 어우러져 참상의 비극이 강조되는 것이죠. 브라이언 드 팔마, 우디 앨런 등 여러 영화감독이 즐겨 오마주하는 장면이기도 합니다.

영화평론가인 요도가와 나가하루는 예이젠시테인의 카메라워크에 대해 이렇게 말했습니다.

"예이젠시테인은 어쩌면 카메라를 이리도 아름답게 운용하지? 마치 카메라가 춤이라도 추는 것 같아."

한편 예이젠시테인이 한 일본인 교사에게서 한자를 배운 게 몽타주 이론을 떠올린 계기였다는 설도 있습니다.

"예이젠시테인은 몽타주를 통해 영화예술의 창조 및 관객의 새 역할을 창조하는 일까지 양쪽을 견인했다. 그는 이 기법이 표의문자인 일본어와 유사하다는 데 생각이 미쳤다. 일본어는 개 견犬 자에 입 구口 자를 더하면 개의 입犬の口을 뜻하게 되는 게 아니라 '짖다吠える'라는 뜻이 된다. (중략) 새 조鳥 자에 입 구 자를 더하면

동물 등이 '울다鳴く'라는 뜻이 되고, 물 수水 자에 눈 목目 자를 더하면 사람이 '울다泣(泣く)'라는 뜻이 된다는 것이다. 이처럼 영화 제작자는 몽타주 기법을 써서 구체적 영상을 병치하고, 이로써 관객이 스스로 추상적 개념을 만들어내도록 유도할 수 있을 것이다."

즉 예이젠시테인의 몽타주 이론은 한자라는 표의문자의 곱셉 원리에서 촉발되었다는 주장입니다. 그저 의미를 더하는 게 아니라 의미 있는 것들을 잘 조합하면 새 뜻이 만들어지는데, 이 비약의 즐거움이 그가 영상으로 제시한 몽타주 이론인 것입니다.

비단 영화뿐 아니라 편집 디자인과 웹 디자인 등, 시간 속에서 장면이 전개되는 모든 미디어에서 몽타주 이론은 하나의 유효한 사고법입니다. 저는 사진집이나 잡지의 면 구성을 고민할 때 자주 이 몽타주 이론을 떠올립니다. 예이젠시테인을 따라 한다는 뜻이 아니라 **이미지와 이미지의 조합으로 얼마만큼 기존 이미지에서 벗어난 재미를 끌어낼 수 있을지** 늘 생각한다는 말입니다. 어쩌면 이 말은 어떤 이미지를 살리고 죽이고는 편집자 하기 나름이라는 뜻이기도 합니다.

## 『브루터스』 아프리카 특집은
## 페이퍼 무비

그렇다면 이제부터는 시간과 장면의 편집이 훌륭하게 된 실제 예를 살펴보겠습니다. 바로 일본 잡지 역사에 영원히 남을

『브루터스』 1983년 4월 1일자 '황금의 아프리카' 특집입니다. (그림 4-47~54) 이제는 『소토코토ソトコト』의 발행인이 된 오구로 가즈미가 『브루터스』 근무 당시 진행한 특집으로, 이 잡지 역사상 제작비가 가장 많이 든 특집기사입니다. 이 기사를 위해 아프리카 현지에서 코끼리를 샀다는 에피소드가 전해질 정도니, 기획의 규모를 익히 알 수 있죠.

롱 숏과 클로즈 숏이 멋지게 안배된 이 이미지들에서는, 한 달 넘는 취재 기간에서 오는 긴장감과 피로감이 잘 전달됩니다. 미국의 『내셔널지오그래픽』처럼 지구의 오지를 탐사하는 내용이지만, 영화적 연출과 서사, 작위성이 더해지면서 내용의 흥미가 배가되었습니다. 마치 페이퍼 무비paper movie* 같은 느낌이죠.

## 캘빈클라인 별책의 편집적 속임수

그림 4-55~62 『베니티 페어』 1991년 10월호 별책은 중고 서점에서 인기가 많은 잡지입니다. 이 별책은 캘빈클라인 특집으로 촬영은 부르스 웨버가 맡았고 텍스트가 거의 없는 사진집 구성입니다. 록밴드와 열성 소녀 팬 사이의 관계를 묘사한 사진들은 섹시하면서도 아름답고, 역동적인 지면 구성은 퀄리티 높은

---

* 지극히 사실적이고 역동성 넘치는 지면 구성으로 영화를 보는 것 같은 느낌을 주는 경우를 일컫는다.

다큐멘터리 영화를 보는 듯합니다. 이 구성에 대해 아트디렉터인 샘 샤히드는 "자유롭게 구성"했으며, 촬영 흐름에 따르지 않고 부르스 웨버가 다른 목적으로 찍은 사진까지 포함해, 독자의 눈을 끌 수 있는 사진을 골랐다고 했습니다. 가령 남녀의 대퇴부를 클로즈업한 사진과 그 왼쪽 사진의 남녀는 전혀 다른 사람이지만 마치 동일인물로 보이는데, 이는 편집 기술을 이용한 기가 막힌 속임수입니다.

## 강조 없이도 지루하지 않은 디자인

그림 4-63~68은 오사카의 유명 가구점 '트럭퍼니처Truck Furniture'에 대한 책입니다. 이 책에서는 디자인뿐 아니라 전체 구성의 매력을 엿볼 수 있습니다. 매력은 좀 추상적인 이야기이니 우선 디자인을 먼저 살펴보도록 하죠.

일단 이 책은 목차가 없습니다. 사진집 혹은 화집으로 볼 수 있을 정도로 텍스트가 많지 않고요. 그나마 있는 본문에는 타이틀과 소제목도 달려 있지 않습니다. 일본어 텍스트는 다 같은 서체와 크기로 디자인되어 있어 시각적 강조점도 없죠. 심지어 여백도 듬뿍 주었고요.

이 책의 제목은 '가구를 만들고 가게를 꾸리는 그런 일상'이라는 흔치 않은 제목입니다. 그래서인지 본문에서도 이런 일상의 모습을 담담하고도 균일하게 묘사하는 데 집중하고 있습니다. 이렇게 말하면 꽤나 지루한 책 같지만 꼭 그렇지는 않습니다. 양질의 사진을 충분히 썼고, 사진 중에는 뮤지션 야마자키 마사요시와 요리 연구가 겐타로의 화보도 있으며, 후기를 D&DEPARTMENT의 나가오카 겐메이가 썼으니까요. 이처럼 충실한 내용임에도 이 책은 그 어느 것도 강조하지 않습니다. 이 모든 내용이 '그런 일상'의 하나로서 담겨 있기 때문이죠.

훅을 만들어내는 시각적 장치로서 디자인을 활용하는 게 일반적인데, 이 책의 디자인은 모든 것을 균등하고도 담담하게 그려내는 걸로 그 기능을 다합니다. 그 점이 이 책을 기분 좋게 하는 지점이고요. 트럭 퍼니처의 가구처럼, 억지 없는 자연스러움 속에서 읽고 싶은 곳부터 읽고, 보고 싶은 곳부터 보며, 그들의 사상과 생활에 젖어들게 하는 방식인 것입니다. 이 책은 제게 콜럼버스의 달걀 같은 화두를 던져줬습니다. 늘 무언가를 강조하지 못해 안달이 나 있는 편집자인 저로서는 아무리 용을 써도 만들 수 없는 책이죠.

### 소소한 주제를
### 대담한 구성으로 극복한다

비행기 시트 포켓에 비치된 기내지를 본 적이 있을 겁니다. 각 항공사가 홍보를 위해서 발행하는 잡지들이죠. 일본의 대표적 기내지로는 ANA에서 발행하는 『날개의 왕국翼の王国』을 꼽을 수

있습니다. 이 잡지는 그 질이 좋기로 유명한데, 저는 특히 기무라 유지가 디자인을 맡았던 1989년에서 2007년 사이에 발행된 것들을 매우 좋아합니다.

그림 4-69~74『날개의 왕국』2005년 1월호 특집은 홋카이드 베쓰카이초에 있는 소년 스케이트 팀을 다루고 있습니다. 컬러와 흑백, 아이들의 손글씨와 타이포그래피가 절묘하게 안배되어 있고, 지면 구성에서 스케이트의 속도감이 그대로 전해집니다. 과장을 좀 보태서 지면이 질주하는 듯한 느낌이랄까요. 이처럼 소소해서 **지루해지기 쉬운 주제를 대담한 구성을 활용해서 가슴 뭉클한 결과물로 탈바꿈시키는 것도 디자인의 힘이자 역할**입니다.

## 철학과 세계관이 있는 디자인

이탈리아의 캐주얼 패션 브랜드 베네통이 발행하는『컬러스COLORS』는 퀄리티가 무척 높은 특집 위주 잡지로, 멋진 시각 이미지가 많은 게 특징입니다. 특정 주제를 두고 전 세계에서 자료를 모아 높은 완성도로 만들어내는 게 그들의 특기죠. 이런『컬러스』의 2010년 79호 특집은 '컬렉터'였는데, 전 세계의 온갖 수집가들을 찾아내 취재한 내용이 담겨 있습니다. 가령 이미 사용한 티백을 줄기차게 모으는 사람, 바나나의 라벨을 모으는 사람, 빵 굽는 토스터를 모으는 사람, 정치인 관련 굿즈를 모으는 사람(사진작가 마틴 파) 등이 그들입니다. 이 특집은 촬영 스타일과 기

사 형식이 통일되어 있습니다. (그림 4-75~78)

이처럼 형식을 통일하는 이유는 이 잡지와 베네통의 브랜드 이미지를 일치시키기 위해서입니다. 베네통은 유나이티드 컬러스 오브 베네통UNITED COLORS OF BENETTON이라는 슬로건 아래 다채로운 색상의 옷을 만드는데, 유색인종 포함 전 세계인을 연대케 하는 옷을 만들겠다는 그들의 철학을 잡지에도 투영한 것입니다. 별종 인물 도감 같은 이 기획 자체가 베네통 철학의 반영이며, 어떤 특이한 취미를 가진 사람이든 똑같이 흥미와 존중을 가지고 대하겠다는 선언이죠. 이 이미지에 쓰인 '쿨'하고도 이과적인 느낌의 타이포그래피가 인간이라는 생물의 괴짜성을 한층 도드라지게 하는 듯합니다.

### 유머가 뛰노는 디자인

시세이도의 『하나쓰바키花椿』는 일본을 대표하는 기업 홍보지입니다. 1937년에 창간했으니 80년이 넘는 역사를 가지고 있죠. 이 잡지는 이처럼 긴 시간 동안 미용과 패션에 관한 최신 정보를 멋진 사진과 기사를 통해 알려왔습니다. 1966년부터는 나카조 마사요시가 아트디렉터를 맡아서 50년 동안 한 잡지의 디자인을 총괄하는, 세계에서도 유례가 없는 기록을 세웠습니다.

『하나쓰바키』에서 나카조의 디자인은 유머로 가득 차 있습니다. 사용하는 서체나 레이아웃 형태 또한 주제에 따라 제각각이고요. 그럼에도 통틀어서 보면『하나쓰바키』풍이라고 할 수 있는 형태로 완성되어 있습니다. (그림 4-79~81)

　　『하나쓰바키』1991년 10월호의 패션 스토리는 사진 콜라주로 되어 있는데 패션을 효과적으로 써서 옷의 디자인과 지면 디자인이 멋지게 호응하도록 구성했습니다. 이때 스타일을 담당한 사람이 훗날『보그』프랑스의 편집장이 되는 카린 로이펠드입니다. (그림 4-79)

　　비비안 웨스트우드의 의상을 다룬 1993년 1월호 패션 스토리에서는, 비비안 웨스트우드의 메인 색상인 빨강을 지면에 효과적으로 썼습니다. 또 사진을 적절하게 트리밍해서 탐미적 사진을 무겁지 않게 배치했죠. 그 결과 비비안 웨스트우드 옷의 역사성과 역설적인 파격성을 잘 드러내는 지면이 되었습니다. (그림 4-80)

　　2007년 5월호의 꼼데가르송 스토리에서도 나카조의 유머 감각은 빛을 발합니다. 노교타워를 배경으로 꼼데가르송의 의상을 찍는 뻔한 구성을 타개하기 위해 타이포로 약간의 장난을 친 게 보이는데, 이 장난조차도 사진과 의상에 절묘하게 어울립니다. (그림 4-81)

　　나카조 마사요시의 디자인을 보면 탁월한 기량의 바탕에서 유머가 뛰어놀고 있음을 알 수 있습니다. 그래서 탁월하지만 가볍게 느껴지는 것이죠. 이 정도 경지에 오르기란 웬만해서는 어렵습니다. 그야말로 달인의 경지입니다.『하나쓰바키』의 편집장이었던 오마타 지요시의 아래 글은 이러한 나카조 마사요시의 특징을 적확하게 표현하고 있습니다.

"시각화할 수 없는 것은 사고 미숙이거나 공론空論이거나 기만이다. 나카조의 디자인에는 정보와 감정과 비평, 이 모든 게 들어 있다. 하지만 이런 응축이 조금도 숨 막히게 느껴지지 않는 것은 위트와 유머가 그것들을 두르고 있기 때문이다."

### 주제의 양면성을 표현하는 디자인

잡지는 하나의 특집기사 속에서 진지함과 코믹함을 동시에 표현하기도 합니다. 그림 4-82~90 『에스콰이어』 일본판 1992년 9월호 '스티븐 킹 특집'은 이 두 요소가 조화롭게 구현된 좋은 예입니다. 이 특집 지면에서는 스티븐 킹이 나고 자란 미국 한 마을의 풍경을 마치 로드무비*처럼 배치했습니다. 이 사진들은 모두 다카하시 교지가 8x10 대형 카메라로 찍은 것들로, 이 농밀한 풍경 사진들은 뭐라 형언할 수 없는 느낌을 줍니다.

또 스티븐 킹에 대한 각종 정보를 사전식으로 정리한 '킹 정보 사전'이라는 지면을 구성해서, 그가 쓴 대중 친화적이고 오락성 높은 공포소설을 연상케 하는 음산한 느낌의 서체로 제목

* 등장인물이 길을 따라 이동하면서 겪는 사건이 이야기의 중심을 이루는 영화

을 달았죠. 이 특집기사의 이미지들은 그의 어둡고 비밀스러운 소설 세계를 시각화한 한편 '사실 다 허구이며 단지 오락일 뿐'이라고 말하는 듯한 소설의 양면성을 디자인으로 잘 표현하고 있습니다.

## 야마모토 요지를 '대부'로 묘사하다

저는 2010년 7월에 『리버틴스』를 창간하면서 패션 디자이너 야마모토 요지의 인터뷰 기사를 20쪽 분량으로 실었습니다. 여기서는 그중에서 8쪽 분량의 이미지를 살펴보겠습니다. (그림 4-91~94) 인터뷰 무렵 그는 자신의 회사 '요지 야마모토'의 법정 관리를 신청했습니다. 또 인터뷰 며칠 전에는 요요기 제2체육관에서 대규모 남성 패션쇼를 열고 재기를 선언했죠. 이 인터뷰는 그런 절묘한 시기에 이뤄졌습니다.

야마모도 요지의 인디뷰를 기획할 때 우리에게는 하나의 분명한 주제가 있었습니다. 회사 도산 후 재출발이라는, 어찌 보면 밑바닥까지 떨어진 패션의 제왕에게 '왜 실패했으며, 재차 도전하는 이유는 무엇인지' 제대로 물어보고 싶었던 거죠. 야마모토 요지는 난처한 질문에도 성실하고 진지하게 대답하더군요.

당시 촬영은 야마모토 요지의 아틀리에에서 진행되었습니다. 촬영 콘셉트는 사진작가 다지마 가즈나리와 논의 끝에 영화 〈대부〉 느낌이 나도록 잡았고요. 〈대부〉의 촬영감독 고든 윌리스가 권력자의 영광과 고독을 멋들어진 음영의 조화로 표현했듯, 우리의 촬영에서도 야마모토 요지의 빛과 그림자가 제대로 드러나기를 바랐습니다. 한편 레이아웃 구성은 역동성보다는 완만하고 시원한 흐름이 느껴지도록 짰습니다. 성공도 실패도 있는 삶이지만, 크리에이터로서 여전히 쇠퇴하지 않은 야마모토 요지의 날카로운 시선과 고고한 인격에서 비롯된 그의 고독감을 드러내기 위한 시도였습니다.

### 재즈를 시각화한 블루노트

음반 재킷은 자율성이 매우 높은 매체입니다. 타이틀마다 디자인이 달라지기 때문에 디자인에 통일성을 주기 어렵다는 특징이 있죠. 따라서 레이블 단위에서 통일감을 부여하려면 상당히 높은 수준의 솜씨와 지혜, 그리고 원칙이 요구됩니다.

재즈 명문 레이블인 블루노트의 음반 재킷은 멋지고도 기발한 디자인으로 이름이 높습니다. (그림 4-95~98) 유니클로 티셔츠에 블루노트 시리즈가 있을 정도죠. 블루노트는 재즈에 이끌려 미국으로 이주한 앨프리드 라이온이라는 독일인이 만든 레이블로, 당초 재킷 사진 일체를 동업자였던 프랜시스 울프가 촬영했습니다. 1956년부터 1967년 사이 블루노트의 디자인은 리드 마일스라는 미국인 그래픽디자이너가 도맡았고요. 블루노트 레이블의 앨범 재킷은 타이포그래피의 강렬함과 사진의 트리밍 센스가 장점입니다. 창립자가 독일인이기 때문인지 바우하우스의 영향 또한 느껴지죠. 사진을 콜라주나 몽타주의 소재로 쓰고 타이포가 주로 고딕이나 산세리프 계열이라는 점에서 그 영향이 확실하게 보이는데, 이러한 바우하우스적 특징은 재즈를 매력적으로 시각화하는 데 분명 공헌했습니다.

　여담이지만, 전 세계의 재즈 팬들을 디자인의 힘으로 매료시킨 리드 마일스는 사실 클래식 음악을 좋아하고 재즈에는 별흥미가 없었다고 하니, 어찌 보면 '웃픈' 이야기입니다.


## 웹 디자인은 완결되지 않는다

　오늘날 핵심 미디어로 자리 잡은 웹에도 갖가지 형태의 디자인이 녹아들어 있습니다. 다만 양방향 소통이 이뤄지고 상시 업데이트가 가능한 웹의 특성상 '완결성'이라는 개념이 희박해서, 웹 디자인을 독립된 작품이리 말하기는 어렵습니다. 그러므로 완결된 디자인이라고 하기보다는 콘텐츠가 상시 교체되는 형식이 곧 웹 디자인이라고 정의하는 게 적절할 테죠.

　그런 전제를 두고 편집의 시각에서 흥미로운 콘텐츠와 디자인 형식 몇 가지를 소개하겠습니다.

　우선 일본의 문화 계열 웹 매거진의 대표 격인 허니닷컴 honeyee.com입니다. 이 웹 매거진은 『스마트』 편집부 출신 스즈키 데쓰야가 편집장을 맡았고, 유명 크리에이터들의 블로그를 중심으로 운영됩니다. 웹 매거진으로서는 드물게 사진과 디자인의 질에 크게 신경을 쓰고 있죠. 마치 웹상에서 고품질 잡지를 읽는 듯한 느낌입니다.

쇼 스튜디오Show Studio는 사진작가 닉 나이트가 운영하는 패션 문화 관련 웹사이트로, 닉 나이트의 이름값에 걸맞은 최신 패션 영상의 보고입니다. 비요크 같은 아티스트나 여러 패션 디자이너들의 독창적 콘텐츠를 제공하는 등, 미래의 시각 문화와 웹 문화를 제안하고 있습니다. 웹사이트 디자인 자체에는 딱히 놀랄 만한 요소가 없지만, 콘텐츠는 무척 진기하고 새롭습니다. 이처럼 콘텐츠 자체에 강점이 있으면 그것을 전달하는 프레임은 단순한 게 더 매력적입니다.

인터넷 라디오 시장에서 눈에 띄는 웹사이트로는 노바 플래닛Nova Planet이 있습니다. 이곳은 프랑스의 라디오 방송국 '라디오 노바'가 모체로, 전 세계에서 양질의 음악을 발굴해 알리고 있으며, 일본의 J-웨이브J-WAVE에도 큰 영향을 끼치고 있습니다. 라디오 노바가 『NOVA』라는 인디 잡지에서 파생되어서인지, 그 웹사이트도 잡지적인 잡다함과 놀이 감각이 혼합된 형태죠. 일러스트와 손글씨를 많이 쓴, 그야말로 '인디펜던트' 감각이 넘치는 웹사이트 디자인입니다.

그림 4-99는 사카모토 류이치의 레이블인 커먼스commons의 웹사이트입니다. 레이블 설립 후 3년 동안 제가 이 웹사이트의 디렉터를 맡았죠. 웹 디자인은 시모네シモーネ의 무라카미 가이에

에게 부탁했는데, 그 결과 획기적 정보가 담긴 칼럼을 사용자가 자유롭게 드래그해서 옮길 수 있는 '프리 레이아웃' 사이트로 완성되었습니다. 포스트잇처럼 표시된 각종 콘텐츠를 드래그해 자기가 원하는 장소에 배치할 수 있는, 사용자 중심 디자인 사이트였죠. 칼럼을 클릭하면 아티스트의 새 악보 정보, 동영상, 음성, 블로그와 연결되었고, 사카모토 류이치를 비롯한 각종 아티스트의 오리지널 롱 인터뷰와 대담 등을 시청할 수 있었습니다. 완결성 있는 종이 매체가 아닌 오직 웹에서만 가능한 디자인을 추구한 결과였습니다.

## 오바마를 디자인한 사람

매체 디자인이 아니라 훨씬 더 큰 규모의 캠페인 디자인을 해낸 사람이 있습니다. 바로 『디자이닝 오바마Designing OBAMA』라는 책을 편찬한 스콧 토머스입니다. 이 책은 버락 오바미 전 미국 대통령의 선거운동 디자인을 다룬 책이고, 스콧 토머스는 오바마 선거운동본부의 디자인 디렉터였습니다. (그림 4-100~102) 그는 2009년 8월에 이뤄진 도쿄 강연에서 오바마 선거운동 디자인 전략에 대해 이렇게 언급했습니다.

"이 선거전이 역사적으로 큰 의미가 있다는 걸 알리려고 과거 이미지를 많이 썼습니다. 각 미디어가 어떤 위치에 있으며 어떠한 관계성을 가지는지 명확하게 정리하고 전략을 세웠죠. 처음에는 웹과 인쇄 매체를 분리할까도 고민했지만, 최종적으로는 그 둘을 섞어서 일을 추진했고요.

가장 먼저한 작업은 정보 설계IA, Information Architects였습니다. 설득Persuade, 모금Raise, 활성화Activate, 정착화Localize, 대표성 Represent, 교육Educate, 소개Introduce, 연결Connect 등의 흐름을 만들기 위해서였죠.

여태까지는 정치에 관심이 있는 사람만을 선거운동의 대상으로 삼았지만, 저희는 정치에 관심 없는 사람까지 끌어들이려고 노력했어요. 상업 광고 커뮤니케이션에서는 브랜딩 과정의 모든 제작물이 통합된 이미지를 유지하는 게 중요하지만, 오바마 선거운동에서는 관련 디자인의 각종 요소를 웹상에서 다운로드하도록 유도하는 등, 유권자가 마음대로 사용할 수 있게 했습니다."

이 전략의 결과로 오바마 선거운동본부는 일반 시민의 선거운동 참여를 독려하는 데 성공했죠. 이처럼 선거운동이라는 대형 이벤트를 디자인해낸 스콧 토머스의 디자인에 대한 견해는 다음과 같습니다.

"요즘 세상은 디자인 과잉입니다. 더 줄여야 하죠. 디자인에는 목적이 있습니다. **디자인은 장식이 아니라 문제 해결 수법 중 하나**일 따름이니까요. 단순함과 축소 지향성. 이 두 가지가 제가 바로 이번에 일본을 찾은 이유입니다. 일본의 단순함과 축소 지향의 미학을 배우고 싶었거든요."

그의 말처럼 일본이 재능 있는 디자이너들의 놀이터가 될 수 있을까요? 이 해답은 우리가 편집과 디자인을 통해 매력적인 '문제 해결 방법'을 지금 세상에 제시할 수 있는지 여부로 판가름 날 것입니다.

## 편집이 전부다

미국의 유명 그래픽디자이너 폴 랜드는 "Design is everything. everything!"이라는 의미심장한 말을 남겼습니다. '디자인이 전부다. 전부!'라는 뜻이죠. 그의 말처럼 저도 감히 "편집이 전부다. 전부!"라고 말하고 싶습니다. 지금껏 언급했듯 편집에는 언어와 이미지, 디자인이 다 포함되어 있기 때문입니다. 근래에는 구체적 형태가 없는 것까지 디자인하려는 경향이 편집에도 영향을 주고 있죠. 편집 또한 구체물을 넘어선 곳까지 뻗어나가는 중이고요. 이에 관해서는 다음 장에서 자세하게 살펴보겠습니다.

'전부Everything'라는 말은 제법 멋지게 들리지만, 사실 엄청난 노력과 책임이 뒤따르는 말입니다. 전부를 다뤄 전부를 만족시킨다는 건 결코 호락호락한 일이 아니기 때문이죠. 그러나 한편 쉽지 않기에 제대로 끝마친 뒤의 성취감은 더욱 달콤할 것입니다.

마지막으로 한 유명 디자이너의 현실감 있는 발언을 소개하면서 이 장을 마무리하겠습니다. 아사쿠사에 있는 아사히맥주 슈퍼드라이홀을 설계했고, 문방구부터 건축까지 각종 영역에서 활약 중인 프랑스 출신 디자이너 필립 스탁의 말입니다.

"매번 새 프로젝트를 발표할 때마다 사람들이 얼마나 기대하는지 살피지만, 눈빛이 반짝이는 사람을 본 적은 한 번도 없다."

# 5장 : 인생 편집

---

## 편집은 넘어선다

이제 편집은 출판물에만 머물러 있지 않고, 웹, 광고, 이벤트, 오프라인 매장에까지 적용되고 있습니다. 이런 현상을 **편집의 입체화**\*라 부릅니다. 이번 장에서는 편집의 세계가 그 영역을 어떻게 확장 중인지 살펴보고 그 사례를 몇 가지 제시한 뒤, 지금 우리에게 요구되는 편집이 무엇인지 알아보도록 하겠습니다.

## 전시회는 입체 편집

전 세계에서 가장 영향력 있는 예술인은 누구일까요? 미술 잡지인 『아트 리뷰』 2009년도 특집기사에 따르면 큐레이터이자 평론가, 편집자인 한스 울리히 오브리스트라고 합니다. 현재 런던에 거주히는 스위스 사람으로 유럽을 대표하는 문화계 거물이자 편집계의 슈퍼스타죠. 2003년 베니스 비엔날레 등 세계의 이목이 집중된 각종 전시회의 큐레이터로 일했고, 수많은 도서를 편집했으며, 다방면의 지식인들과 인터뷰를 하면서 이름이 알려졌습니다.

\* 편집 행위가 종이라는 평면을 넘어 공간 등 삼차원의 영역으로 확장되는 현상을 일컫는 말

그는 『인터뷰들Interviews』이라는 저서를 출간했고 인터뷰 내용을 대담자별로 선별한 '대담 시리즈Conversation Series'도 꾸준히 냈습니다. 마치 지금을 살아가는 세계의 지성을 하나도 빠짐없이 다루겠다는 듯 인터뷰를 하고, 그 내용을 책으로 출간한 뒤 이를 전시회로 연결시키고 있죠. 이렇듯 그는 예술과 문화에 관해서는 세계 제일의 감정사이자 조언자인 셈입니다. 좀 과장하자면 오늘날 예술계의 모든 동향을 편집하는 사람이라고 할 수 있겠습니다.

이 한스 울리히 오브리스트의 예술관은 이렇습니다.

"예술을 자극적으로 만들기 위해서는 예기치 못한 맥락에서 전시회를 여는 등, 예술 활동을 늘 새로운 지평으로 이끌어야 한다. 스키가 그렇듯, 늘 같은 코스만 타고 있으면 지겨워지는 법이니까."

한편 예술계의 거장 크리스티앙 볼탕스키는 오브리스트를 두고 이렇게 말하는군요.

"그 사람은 그렇게 바쁘게 살 팔자예요. 그가 텔레비전을 본다든지 골프를 치는 건 상상도 못하겠어요."

2011년 2월 아트 지요다Arts Chiyoda 3331에서는 편집자 고토 시게오가 주최한 '도쿄 프런트라인'이라는 전시회가 열렸습니다. 38명의 아티스트와 스무 곳의 갤러리, 17개 기업 및 단체가 참여한 이 전시회는 일본의 편집자가 개최한 전시회 중에서 가장 규모가 큰 전시 이벤트였죠. (그림 5-1) 한편 지류 종합상사인

다케오가 개최한 종이 관련 디자인 전시회인 '다케오 페이퍼쇼 TAKEO PAPER SHOW 2007'에는 저도 참가한 적이 있습니다. (그림 5-2) 국내외 26개 팀에 의뢰해 다케오에서 생산되는 종이 스물여섯 종으로 작품을 제작하도록 한 후, 그 전시 결과를 책으로 정리했죠. (그림 5-3)

종이로 만든 스물여섯 작품들은 하나같이 기발했는데, 그 중에서 특히 마음에 든 것은 구사마 야요이草間彌生*가 만든 트럼프였습니다. 트럼프의 숫자는 구사마 야요이의 아이콘인 물방울로 되어 있고, 뒷면에 구사마의 사진이 들어간 독창적인 카드였죠. 이 트럼프로 신경쇠약 게임**을 하다 보면 정말로 신경이 쇠약해질 것 같더군요. (그림 5-4)

지금껏 다케오 페이퍼쇼의 참가자는 주로 일본의 그래픽 디자인 관계자였습니다. 그러다가 2007년부터는 이 쇼를 해외에도 널리 알리고자 라인업의 절반 정도를 해외 크리에이터들로 채웠습니다. 그렇게 m/m, 플로렌스 데이거스, 소피 투 포르코프, 토르트 본체, 크리스천 마클리, 스톰 소거슨 등이 참가하게 되었죠.

아트디렉터는 고다이라 마사요시, 미즈노 마나부, 히라바야시 나오미였고, 저는 편집 부문에 참가했다가 어쩌다 보니 전시

---

* 일본의 조각가 겸 설치미술가. 자신의 편집적 강박증과 그에 따른 환각 증세를 미술 작업과 연계시킨 작업으로 유명하다.

** 카드를 뒤집어서 같은 숫자의 카드를 맞추는 트럼프 게임의 일종

회 전반에 관여하게 되었습니다. 이처럼 **편집자 주도로 이뤄지는 전시 기획도 일종의 입체적 편집**입니다.

## 백화점을 편집하다

『보그』 프랑스의 편집장을 맡아서 잡지 매출을 두 배 넘게 끌어올린 카린 로이펠드라는 사람이 있습니다. 모델로 경력을 시작했고 스타일리스트로서 좋게 평가받아 『보그』 편집장이 된, 뼛속까지 패셔니스타인 사람이죠. (그림 5-5) 그런 그녀가 2011년 3월 뉴욕의 고급 백화점 바니스 뉴욕Barneys NewYork의 게스트 에디터로 기용되었다는 소식이 들렸습니다. 발탁 직후 그녀가 가장 먼저 한 일은 바니스 뉴욕의 이미지 편집과 상품 선택, 윈도 디스플레이, 광고, 카탈로그 편집이었다고 합니다. 『보그』 프랑스에서 쌓은 강력한 인맥을 바탕으로 백화점 브랜딩까지 맡게 된 것이죠. 패션을 소개하는 지면에서 패션을 파는 공간 편집까지 커리어를 확대한 경우입니다.

## 경계를 뛰어넘는 편집

글로벌 정보지 『모노클Monocle』의 편집장 타일러 브륄레도 편집 영역을 확장하고 있는 인물 중 한 사람입니다. (그림 5-6) 그는 『월페이퍼』 창간 멤버로 지금은 『모노클』의 편집 외에도 '위클리 크리에이티브Weekly Creative'라는 에이전시를 경영하면서, 브리티시 에어웨이스와 일본 프랑프랑 등의 브랜딩도 맡고 있습니다. 또한 '크래프트 디자인 테크놀로지Craft Design Technology'라는 문구 디렉터도 겸임 중이고요.

최근에는 개발업자들과 연계해 아파트 신축 계획 사업에도 뛰어들었는데, 도쿄 하마리큐 근처에 짓는 고층 임대 주거시설의 디렉터가 바로 그라고 합니다. 『뉴욕 매거진』 2010년 12월 5일자는 1년에 200회 이상 해외 출장을 다니는 그에게 '글로벌 엘리트를 위한 마사 스튜어트'라는 칭호를 붙여줬습니다.

타일러 브륄레는 경계를 뛰어넘는 자신의 편집 행위에 대해 이렇게 말합니다.

"광고와 편집은 그저 명칭을 구분한 것일 뿐입니다. 새로운 시대니 둘 사이에 잠재적 갈등이야 있겠지만 가능성을 마음껏 펼쳐보고 싶네요."


### 잡지의 패자부활전

예술가이자 영상 작가인 우카와 나오히로가 2010년에 시작한 도뮨DOMMUNE은 라이브 스트리밍 사이트입니다. 금, 토를 빼고 매일 저녁 7시부터 자정까지 유스트림Ustream이라는 매체를 통해, 자체 운영하는 지하 클럽에서 송출되죠. 방송 전반에는 각계각층의 유명 크리에이터를 초대해 대담을 나누고 후반에는 음악을 내보내는데, 때로는 라이브 음악을 들려주기도 합니다. 토크나 선곡에 우카와의 취향이 많이 반영되지만, 그만큼 화제성이 있는 라인업을 꾸려서 유스트림 '월드 부문'에서 시청자 수 상위에 올라 있습니다.

우카와는 잡지 『TV Bros.』 2011년 5월 15일자 인터뷰(특집: 리얼타임 웹의 대두, 사건은 도뮨에서 일어나고 있다)에서 이 사이트의 취지에 대해 다음과 같이 말했습니다. (그림 5-7)

"도뮨은 민간방송의 염가판이라기보다 오히려 종이 매체의 무덤에 가까워요. (중략) 종이 매체에 대한 레퀴엠이자, 사랑해 마지않는 종이 매체가 방송을 통해 되살아나는 현장으로 만들고 싶습니다."

"유스트림은 누구에게나 열린 기술입니다. 라이브 스트리밍을 한다는 게 별 대단한 일도 아니니까요. 이제야 패러다임 전환이 완전히 이뤄진 거죠. 그것도 어마어마한 패러다임을 노트북과 HD 카메라 하나로 넘어서고 있는 셈이에요."

그의 말처럼 이 사이트의 콘텐츠로 잡지와 단행본이 만들어지는 등, 도뮨은 서브컬처 발신 기지가 되고 있습니다. 도뮨이 매력적인 편집 플랫폼이기 때문에 가능한 일입니다.

## 숍을 편집한다

편집의 시점에서 볼 때 꼼데가르송 매장의 변화도 주목할 만합니다. 꼼데가르송의 일본 내 주요 백화점 매장이 2008년부터 '꼼데가르송 에디티드'로 이름을 바꾸고, 꼼데가르송 각종 라인의 상품을 선정해 전시하는 편집숍 개념으로 변신한 것이죠. 이른바 꼼데가르송 안의 편집숍이라 부를 만한 콘셉트로, 이전 매장과는 상품 구성도 달라졌습니다.

한편 유나이티드 애로우즈United Arrows는 창업 때부터 "제품 편집력과 편집 상품 개발에 중점을 두어 매장을 꾸미고, 세계 일류 제품을 제공하는 데 걸맞은 매장 환경"을 조성하겠다고 강조해왔습니다. 이처럼 유나이티드 애로우즈는 처음부터 편집력을 내세운 편집숍이었으며, 그 강점을 살려서 자사 브랜드 제품을 만들고 있습니다.

1997년 파리에서 문을 연 콜레트Colette는 전 세계에서 가장 '쿨'한 제품을 취급하는 패션 편집숍으로 유명합니다. (그림 5-8) 콜레트의 매장은 말 그대로 '편집하는 매장'입니다. 사라 르펠이라는 디렉터가 옷에서 잡화, 화장품에서 책, 심지어 음반에 이르는 상품을 모두 고르는데, 잡지 마니아를 자칭하는 그녀다운 편집 센스를 매장 곳곳에서 볼 수 있습니다. 그녀는 자신만의 편집 정책을 이렇게 말합니다.

"나는 절대 뒤돌아보지 않아요. 늘 앞으로, 앞으로 나가는 것만 생각하죠. 우리는 계획도 없습니다. 우리가 사는 것은 지금, 지금, 바로 지금이니까요!"

사라의 말대로 콜레트는 세계에서 가장 '쿨'한 편집숍임은 확실합니다. 더욱이 꼼데가르송이나 샤넬 같은 톱 브랜드와 협업을 추진해 아이템을 개발하는 등, 매장의 '엮고編' '모으는集' 힘을 점점 확대하는 중입니다.*

### 1차 정보가 중요하다

한때 IT 저널리스트 사사키 도시나오가 펴낸 『큐레이션의 시대』라는 책이 화제를 모았습니다. 그가 말하는 큐레이션이란 요컨대 '무수한 정보의 바다 속에서 자기의 세계관과 가치관에 따라 정보를 선택하고, 거기에 새 의미를 부여한 뒤 사람들과 공유하는 일'입니다. 그는 페이스북 같은 거대 소셜미디어 플랫폼에 특정 주제를 유통하는 큐레이터가 출현할 것이며, 이 큐레이터에게 접속해서 정보를 취득하는 다수의 팔로워가 소규모 모듈이 되는 생태계가 생겨날 것이라고 말합니다. 즉 "매스미디어가 쇠퇴하고 다양한 문화가 발신되는" 오늘날 정보 큐레이션이 점차 중요해진다는 이야기죠.

정보 큐레이션이 중요해진 건 사실이니 꽤 주목할 만한 발언입니다. 다만 저는 큐레이션이 가장 중요하다고 생각하지는 않

---

* 콜레트는 2017년 12월부로 영업을 종료했다. 창업자 콜레트 루소의 은퇴에 따른 것. 그의 딸 사라 앙델망이 운영하는 방안도 있었으나 "콜레트 루소 없는 콜레트는 존재할 수 없다"라는 이유로 문을 닫는 것을 택했다.

습니다. 방대한 양의 정보를 정리하고 거기에 의미를 부여해 가공해서 알리는 일은, 그 일을 하는 사람에게는 분명 중요한 행위입니다. 하지만 온라인의 정보란 대부분 누군가가 이미 보고 듣고 말하고 쓴 내용들입니다. 즉 **온라인은 2차 정보의 세계**라는 말이죠. 가령 일본인들의 메인 포털인 야후 저팬의 메인 뉴스 기사는 야후가 직접 취재해서 올리지 않습니다. 야후와 제휴한 뉴스 사이트에서 퍼온 것들이니 야후의 오리지널은 아닌 것입니다. 이렇게 2차적인 것들을 세컨드핸드second hand라고 하며, 1차적이고 직접적인 것들은 퍼스트핸드first hand라고 합니다. 오늘날 온라인상의 정보는 대개 세컨드핸드 정보이고요.

다른 뉴스 사이트의 1차 자료에 의존해서 글을 쓰는 기자와 실제 현장에서 1차 정보를 만들어내는 기자 중 누가 더 인정을 받을까요? 말할 것도 없이 후자일 겁니다. 오늘날 온라인을 포함한 **미디어 세계에서 1차 정보는 점점 희귀해지고 있으나, 역설적으로 그 중요성은 점점 늘어나**고 있습니다.

트위터나 블로그 사용자 중 인기가 있는 사람들은 대체로 현장성 있는 1차 정보를 제공하면서 자기 의견을 명확하게 밝히는 사람들입니다. 하지만 현장성 있고 질 좋은 1차 정보와 그에 대한 의견을 끊임없이 제공하는 게 그렇게 간단한 일은 아니죠.

"시대 한가운데서 일어나는 흥미로운 사건과 물건과 사람을, 가장 좋은 시기에 가장 바람직한 장소에서 자연스럽게 '찰칵' 찍어내는 사람이 가장 훌륭한 사진작가"라고 한 시노야마 기신의 말처럼, 시대성 있는 1차 정보를 어떻게 만들어낼 수 있을지 미디어 종사자라면 한 번쯤 고민해야 합니다.

## 비밀이 없는 시대

21세기를 사는 사람들은 많은 양의 정보를 얻고 또 발신하며 살아갑니다. 그 과정에서 우리의 일상은 자기도 모르는 사이에 온라인이라는 망망대해로 새어나가고 있죠. 좋든 싫든 우리의 생활이 전 세계인이 지켜보는 무대 위에 놓이게 된다는 말입니다. 특히 미디어나 콘텐츠 제작 관련 일을 하는 사람이라면, 그가 어떤 사람이고 어떻게 지내며 어떤 일을 하는지 정도는 이미 누설되었다고 봐야 하겠죠. 이런 상황을 막을 방법은 별로 없습니다. 그렇다면 이런 시대에 크리에이티브한 일을 하는 사람이 좋은 평판을 얻으려면 어떻게 해야 할까요?

## 작품보다 크리에이터

가령 레이디 가가의 곡을 듣는다고 해보죠. 우리는 어떤 방법으로 그녀의 곡을 들을 수 있을까요? 불과 수년 전만 해도 CD로 듣는 게 일반적이었습니다. 하지만 이제는 아이튠즈와 유튜브, 페이스북 등을 통해서도 곡을 찾아 들을 수 있죠.

레이디 가가의 페이스북에는 그녀에 대한 정보가 넘쳐납

니다. 홍보 영상을 볼 수도 있고, 노래를 청취할 수도 있으며, 콘서트 정보도 알 수 있고, 레이디 가가의 티셔츠도 살 수 있습니다. 게다가 트위터 등을 통하면 그녀의 일거수일투족까지 알 수 있으니, 마치 그녀의 모든 일상이 노출되어 있는 듯합니다.

이런 현상을 보면 오늘날은 **크리에이터가 작품보다 커진 시대**라는 생각이 듭니다. 즉 '크리에이터 > 작품'이라는 말이죠. 오늘날 작품은 그걸 만들어낸 사람의 일부분 취급을 받는 것 같습니다. 과거에는 '크리에이터 < 작품'의 시대였습니다. 정보 유통량이 적은 시대에는 작품이 크리에이터보다 훨씬 더 큰 존재였죠. 그러나 지금은 상황이 바뀌어 작품보다는 그걸 만든 사람의 삶에 대한 정보가 더 많이 노출되고 있습니다. 이 말은 곧 크리에이터에 대한 평판이 작품에 대한 평판으로 이어질 수 있다는 뜻입니다. 유명 크리에이터의 삶이 낱낱이 기사화되는 시대에, 크리에이터에 대한 평가는 결국 그가 사는 삶에 대한 평가가 될 수밖에 없다는 말이기도 하고요.

레이디 가가도 이런 말을 했습니다.

"사람들이 생각하는 '내가 감추고 있는 것'을 보여주면, 나는 아무것도 숨기지 않는 사람이 될 수 있어요."


## 누구나 앤디 워홀이 될 수 있는 시대

팝아트의 거장 앤디 워홀은 "사람은 누구라도 15분 동안 유명해질 수 있다"라고 말했습니다. 그의 말처럼 요즘은 소셜미디어를 통해 누구든 순식간에 유명인이 될 수 있습니다.

늘 사진을 찍고 일기를 쓴 앤디 워홀은 그의 작품에서 주로 사회 유명 인사와 상징성 강한 소비재를 소재로 썼는데, 요즘에는 누구나 자신을 기록하고 사진을 찍으며, 다른 사람의 글과 작품을 인용해 SNS에서 자신의 창작물을 만듭니다. 어쩌면 누구든 앤디 워홀이 될 수 있는 시대를 살고 있는 것이죠. 앤디 워홀은 이런 시대를 마치 예견이라도 하듯 이렇게 말했습니다.

"사람들이 당신을 어떤 식으로 기록하는지 상관 말 것. 기록된 분량만큼만 신경 쓰면 된다."

## 자기 연출로 유명해지는 시대

이렇듯 누구든 유명해질 수 있는 시대라는 걸 증명하는 한 예가 있습니다. 미국 시카고 교외에 사는 1996년생 타비 게빈슨이죠. 그녀는 패션 블로그 '스타일 루키The Style Rookie'를 운영하면서 주목을 받았습니다. 잡지 표지를 장식하더니 지금은 뉴욕 컬렉션 가장 앞줄에 초대받을 정도로 스타가 되었죠. 또 전 여성지 발행인에게 도움을 받아서 Rookiemag.com이라는 패션 웹사이트도 개설했습니다. 블로그를 운영하던 소녀가 이제는 패션계에 큰 영향을 주고 있는 것입니다. (그림 5-9)

일본에서 자기 연출의 천재라고 하면 록 뮤지션 야자와 에

이키치를 꼽을 수 있겠습니다. 그는 자서전『벼락출세』에서 10대 후반의 자신을 이렇게 회상합니다.

"음악을 알게 되고 슈퍼스타가 되기로 결정한 뒤로, 고생은 고생이 아니게 되었다. (중략) '그래, 처음에는 이렇게 힘든 거겠지. 지금은 비록 이런 꼴이지만 끝내 슈퍼스타가 되고 말겠어' 하고 스스로에게 다짐했다. 내 인생을 마치 영화로 보고 있는 듯 말이다."

결과적으로 야자와는 정말로 자기 삶을 영화보다 더 극적으로 연출했죠.

더 가까운 예로는 패션 회사 베이크루즈BAYCREW'S가 발행하는 환경문화잡지『머머 매거진murmur magazine』의 편집장 핫토리 미레이를 들 수 있습니다. 그녀는 무척이나 친근한 접근법으로 자기 인생을 작품화한 사람입니다. 핫토리는 자신의 냉한 체질을 극복하는 과정을 잡지 지면과 웹사이트에 수시로 게재했고, 그 연장선에서 체질 개선을 위한 제품까지 개발하게 되면서 여성용 방한용품 붐을 일으켰습니다. 요즘 일본의 젊은 여성들 사이에서 유행하는 냉한 체질용 덧버선은 어쩌다가 쓴 글이 좋은 결과로 이어진 사례죠. (그림 5-10, 11)

이제 그녀는 환경과 건강 문제에 관심을 가진 여성들에게 큰 영향력을 가진 사람이 되었습니다. 덕분에『냉한 체질 소녀의 스타일북』,『새로운 내가 되는 책』,『새로운 내가 되는 수첩』같은 책의 인기도 동시에 올라가고 있죠. 자기 자신의 건강법부터 패선, 환경에 대한 관심까지 잡지와 웹, 트위터 등에 게재했고, 그 활동 결과를 사람들과 공유하며 신뢰를 쌓아 대중의 지지를 얻은 것입니다.

### 인생을 작품화하는 시대

앞서 이렇게 정보가 범람하는 현시대에 창조적 일을 하는 사람에 대한 평가는 결국 그가 사는 삶에 대한 평가가 될 수밖에 없다고 말했는데, 이걸 한마디로 규정한 개념이 바로 '**인생의 작품화**'입니다.

삶이 온라인상에 노출되어 정보로서 돌아다니는 이상, 삶의 방식 자체를 작품화하지 않으면 이제 사람들은 평가조차 하지 않습니다. 인생의 작품화라고 하면 왠지 멋있고 그럴싸하게 들리지만 실상은 무척이나 힘든 시대라는 말이죠. 익명 뒤에 숨어서 영향력을 발휘하는 프로 크리에이터로 사는 게 더는 불가능하기 때문입니다.

하지만 이 책에서 살펴보았듯, 사람이 삶을 살아가는 행위 자체가 일종의 편집 행위입니다. 무엇을 먹고 무엇을 입으며, 무슨 일을 하며 누구와 어울리고, 어디에서 살지를 선택하는 경우의 수는 사실 무수히 많습니다. 우리는 그 무수히 많은 선택지 중에서 자기가 해낼 수 있는 범위를 설정하고 거기에 맞춰 사는 것이죠. 이 말은 달리 말하면 사람은 늘 '인생을 편집하고 있다'

라는 뜻이고요.

즉 **내 인생이 내게는 최고의 편집물**인 것입니다. 그러니 누가 뭐라 하든 가슴을 펴고, 당당하게 자신의 삶을 기획하고, 더 멋지게 작품화하는 게 오늘날 같은 대정보 시대=대편집 시대를 즐기며 사는 방법입니다. 이 방법을 알면 지극히 개인적 주제라도 세상의 많은 사람에게 손쉽게 전달할 수 있습니다. 게다가 일이든 일이 아니든 여러분이 편집할 수 있는 대상은 수도 없이 많습니다. 종이뿐 아니라 웹, 이벤트, 공간까지 그 방법도 형태도 다양하죠. 이처럼 스스로 걸어 다니는 미디어가 되는 것이 곧 21세기의 삶의 방식입니다.

## 매력적인 원칙을
## 세우기 위해

지금까지 저는 이 책에서 '아름답다'라는 말을 무척 많이 썼습니다. 사실 제가 편집을 언급할 때 가장 많이 쓰는 말이 '아름다움'입니다. 동서고금을 통틀어 문화에서 가장 중요한 것이 아름다움이라고 생각하기 때문인데요. 사실 미술, 조각, 음악, 디자인, 춤 등 모든 문화예술 활동은 아름다움을 추구하기 마련입니다.

그렇다면 대체 아름다움이란 무엇일까요? 또 아름다움과 문화를 익히는 행위에는 어떤 의미가 있을까요?

## 원칙이 있어야 아름답다

자연의 조형적 아름다움의 수수께끼를 탐구한 『모양』을 쓴 영국의 과학 저술가 필립 볼은, 사람들이 식물의 아름다움에서 법칙성을 찾아내는 것에 대해 다음과 같이 말합니다.

"'어쩌면 사람들은 식물 관찰을 통해 처음 수학 탐구에 대한 유혹을 느끼는지도 모른다.' 17세기 영국의 식물학자 느헤미야 그루의 말이다. (중략) 그는 식물의 줄기에 붙은 잎과, 무한꽃차례*

* 꽃의 형성 및 개화의 순서가 아래에서 위로, 가장자리에서 가운데로 차차 피는 모양

에서 볼 수 있는, 동일한 법칙성 속에서 형태를 만들어가는 작은 꽃들의 질서정연한 배열이 고대 이집트와 그리스 기하학자들의 관심을 끌었으리라고 확신한 것이다. 아리스토텔레스의 제자 테오프라스토스와 위대한 자연 관찰자 레오나르도 다빈치는 이에 대해 논한 적이 있다."

필립 볼에 따르면 암모나이트 같은 연체동물의 껍질이나 동물의 뿔 모양에서는 로그방정식이 발견되며, 꽃잎이나 엽서(줄기에 잎이 배열되어 있는 모양), 작은 꽃의 패턴에서는 피보나치 수열이라 불리는 정수의 패턴을 확인할 수 있다고 합니다.

이처럼 사람은 자연에서 아름다움을 느낄 뿐 아니라, 그곳에 숨은 수리 법칙을 찾아내기도 합니다. 그렇다면 사람이 만든 '인공적 아름다움'의 경우는 어떨까요? 아름다움의 정의는 다양하겠지만, 제 생각에 **아름답기 위해서는 일단 원칙성이 있어야** 합니다. 디자인을 다룬 장에서 빈번하게 언급한 그 '원칙' 말이죠.

음악을 예로 들어볼까요? 음악은 잡음(노이즈)이 아니라 의도를 가지고 계산된 소리입니다. 장르별로 볼 때 클래식 음악은 원칙으로 똘똘 뭉친 음악입니다. 클래식 음악은 평균율(여기서 '율律'이란 원칙을 뜻하죠)을 찾아내고 조성과 대위법 같은 원칙을 기악 연주에 적용시키는 방식으로 아름다움을 추구합니다.

음악가로서 다수의 교향곡을 작곡하고 저작까지 해내고 있는 아쿠타가와 야스시는, 음악의 중요 요소 중 하나인 조성에 대해 이렇게 말합니다.

"과거 몇 세기 동안 유럽 음악의 큰 흐름은 조성 중심주의였다고 말할 수 있을 것이다. 바로크 이전 작곡가들에게 가장 중요한 과제는 조성을 자기 것으로 만들어, 자유자재로 다루는 일이었다. 그 뒤 작곡가들, 즉 독일 고전파 작곡가들에게는 확립된 조성의 기능을 어떻게 확대할 수 있을지가 과제였으며, 로만 계열 작곡가들에게는 조성의 제약 속에서 얼마나 자유로울 수 있을지, 또 그것을 어떻게 지배할 수 있을지가 과제가 되었다. 그중 드뷔시는 조성에 기법적으로 대응해 그것을 무너뜨릴 실마리를 찾아냈으며, 쇤베르크는 12음 기법을 기반으로 조성 중심주의에 철저하게 도전했다."

그렇다면 다른 음악들은 어떨까요? 재즈는 음악에 애드리브를 도입했고, 그때까지 당연시되던 악보 준수 원칙을 깨면서 새로운 리듬과 화성을 만들었습니다. 재즈와 블루스의 영향 속에서 태어난 록은 댄스에 영향을 줬고 관객의 참여를 유도해서, 수동적이던 기존 음악 감상 방식을 능동적으로 바꿨습니다. 또 기본 8비트에 서너 마디로 된 짧은 곡 위주라는 원칙도 만들어냈습니다. 힙합은 작곡과 연주라는 음악의 기존 개념을 깨고 턴테이블이나 샘플러로 기존 곡을 인용 또는 도용(샘플링)해 히트곡을 만들었고, 흑인 음악 기반의 리듬과 랩이라는 가창 스타일을 만들어냈습니다.

이처럼 음악가란 늘 원칙과 싸우고 고민하는 존재입니다. 사카모토 류이치는 이렇게 말합니다.

"음악을 두고 흔히 '시간의 예술'이라고 말합니다. 직선적 시간 속에서 어떤 변화를 일으키는 창작 활동처럼 보이니까요. 그런 뜻에서 보면, 애초에 저는 음악을 만드는 전문가는 아닌 듯합니다. 그런 능력은 학습으로 습득할 수 있습니다. 인위적이고 작위적인 것은 규칙만 알면 만들어낼 수 있기 때문이죠. 규칙을 기억하고 그 규칙대로 사물을 늘어놓을 수 있게 되는 게 어쩌면 일반적 의미의 성장일지도 모르지만, 저는 그게 좀처럼 잘 안 되었습니다. 배우면 할 수 있게 되지만, 그런 방식이 생리적으로 저와 맞지 않았던 모양입니다."

건축 또한 원칙으로 가득합니다. 건축가는 일단 건축법이라는 법률(원칙)부터 지키며 건물을 설계해야 하니까요. 물론 뛰어난 건축가는 그런 제약 속에서도 아름다움을 추구하지만, 건축이야말로 어쩌면 가장 원칙이 많은 분야일지도 모르겠습니다. 고딕 건축을 대표하는 독일의 쾰른 대성당은 세계유산에 등재된 건축물로 연간 650만 명이 이곳을 찾는데, 사람들은 이 성당을 보며 건물에 겹겹이 쌓인 복잡한 원칙들에 감동하고 또 놀랍니다.

## 원칙을 만들고 깨며
## 인식의 지평을 넓힌다

예술은 자유분방한 표현이라는 게 일반적 생각이지만 제 생각은 좀 다릅니다. 저는 예술이란 낡은 원칙을 깨부수고 새로운 원칙을 정하는 일이라고 봅니다.

가령 미술을 예로 들면, 중세까지 서양 회화의 주제는 그리스도교나 신화와 관련된 것이어야 한다는 규정이 있었습니다. 그 외의 사물은 그림으로 남길 가치가 없는 것으로 여겨졌죠. 게다가 구도에도 규정이 있었습니다. 황금비율(1:1.618)이 중시되었다는 건 댄 브라운의 『다빈치 코드』를 읽어봐도 알 수 있죠. 레오나르도 다빈치가 그린 〈비트루비우스 인체도〉는 로마제국 시대의 건축가 비트루비우스의 『건축십서De architectura』에 적힌 비율의 원리를 도해한 작품입니다. 비례와 황금비율은 다빈치 그림의 주요 방법론이었고, 앞서 인용에서도 언급했듯 다빈치는 비율과 수리 법칙에 크게 심취한 화가였습니다.

한편 인상파 화가들은 '회화에서는 종교나 신화를 주제로 삼아 위엄 있는 그림을 그려야 한다'라는 원칙을 깼습니다. 인상파의 중심 주제였던 정물은 당시에는 혁신적인 주제였죠.

"19세기 중반에는 기존 원칙을 고수하던 미술계에 의문을 던진 화가들이 있었습니다. 그들은 주제나 화법을 두고 여러 혁신적 시도를 전개했죠. 이런 흐름 속에서 마침내 정물화도 어엿한 미술로 인정받아 다른 그림과 동등한 지위를 획득하게 되었습니다."

인상파 화가들은 일상을 주제로 다뤘고 희미한 색채를 쓰는 등, 그들만의 원칙이 있었습니다. 액션 페인팅은 미술의 구상성과 계획성을 파괴했습니다. 하지만 액션 페인팅을 대표하는 잭슨 폴록의 그림을 보면 누가 보더라도 폴록이 그렸다고 할 만큼 터치와 색채에 통일성이 있죠. 마찬가지로 팝아트는 그리는 그림에서 베끼는 그림으로 그림의 개념을 변화시켰지만, 앤디 워홀의 그림에는 누가 봐도 그가 그렸음을 알 수 있는 원칙(대중적 소재, 독자적인 색채감)이 있습니다.

이런 사실을 통해 알 수 있는 건, **예술의 역사란 기존 원칙을 깨고 새롭고 매력적인 원칙을 만들어온 과정**이라는 것입니다. 그러므로 분명 앞으로도 예술은 지각의 새로운 영역을 열어젖힐 원칙을 만들어가며 계속 진화할 것입니다.

### 기존의 것과 미지의 것

"기존 토대가 있어야 미지의 것이 이해되고 충격으로 다가온다."

19세기 프랑스의 시인이자 사상가 스테판 말라르메의 말입니다. 당연히 알아야 할 것을 모르면 새로운 것을 봐도 이해하지 못하니 그것이 충격으로 전달되지 않는다는 뜻이죠. 이 말은 어쩌면 문화 전반에 적용될 수 있을 겁니다. 저는 낡은 원칙을 깨고 새롭고 매력적인 원칙을 만드는 일을 창조라고 생각하는데, 그러기 위해서 필요한 원칙은 다음과 같습니다.

**하나. 낡은 원칙을 깨려면 그 원칙이 무엇인지 확실히 알아야** 합니다.

둘. 낡은 원칙을 깨려면 이미지, 아이디어. 인맥 등 외부의 힘이 필요합니다. 내부에서 깨는 것만으로는 무너지지 않습니다. 일본의 쇄국을 생각해보면 이해하기가 쉽죠. 예일대학의 에이미 추아가 쓴 『제국의 미래』를 보면 '국력을 가늠하는 가장 큰 요인으로 외부에 대한 관용'을 들고 있습니다. 외부 문화를 유연하게 수용해야 자신을 변화시켜 발전을 꾀할 수 있기 때문입니다.

셋. 과거를 알고 남(바깥 문화)을 아는 게 중요합니다.


## 역사를 알고 타인을 이해하기

'과거를 알고 남을 아는 것'이야말로 공부의 본질이 아닐까요? 따라서 만일 여러분이 새롭고 매력적인 표현을 하고 싶다면 과거를 알고 남을 이해해야 합니다. 그런 이해 없이 무언가를 만들면 새로워지기 어렵다는 말입니다. 지금까지 줄곧 강조했듯 문화란 역사와 상황에 따라 바뀌기 때문이죠.

이때 공부란 새롭고 매력적인 원칙을 만들 줄 아는 소양을 갖추는 일이고, **편집이란 사물이 매력적으로 보이도록 새로운 원칙을 세워가는 일**입니다.

더 높은 수준의 자유를 얻기 위해 낡은 원칙을 깨 새 원칙을 만들고, 그 새로운 원칙으로 사람들에게 새롭고 자유로운 감각을 제공해 그들의 지각을 열어젖히는 일. 이 일이 바로 창조 행위이며, 그런 감각을 각종 매체를 통해 제공하는 일이 바로 편집입니다.

그런 의미에서 편집은 결코 개인적 표현이 아닙니다. 편집 과정에 많은 사람이 관련하고 그 결과물이 다수를 향해 발신되기 때문이죠. **'사람의 힘을 모아 사람의 마음을 움직이는 일'**이 제가 생각하는 편집입니다. 그러니 부디 과거를 알고 남을 안 뒤, 다른 사람과 힘을 모아 더 많은 사람의 마음을 움직이는 새롭고 매력적인 원칙을 만드시길 바랍니다.

덧붙여서

## 간추린 편집의 역사

덧붙여서 편집의 역사를 간략하게 살펴보겠습니다. 인류가 지금까지 어떤 방식으로 편집을 해왔는지를 알지 못하면 편집이라는 행위가 어떤 것이며, 앞으로 우리가 어떻게 해야 새로운 방식으로 편집을 할 수 있을지 알 수 없기 때문입니다. 이탈리아 작가 움베르토 에코의 말처럼 "과거를 아는 것은 문명의 기반"이니까요.

좀 거칠게 말하자면, 인류의 역사는 편집의 역사이며, 사람은 편집하는 동물입니다. 인간은 고대부터 다양한 것을 엮고 모으며 살아왔습니다. 나무, 돌, 뼈를 모아 그것을 엮어서 도끼와 칼을 만들었고, 이렇게 도구를 확보하면서 다른 동물보다 우위에 서서 수렵을 할 수 있게 되었죠. 정보에 있어서도 마찬가지입니다. 음성언어를 사용하고 기술 가능한 문자를 만들어내면서, 사회를 유지하는 원칙 및 종교를 생성하고 국가를 형성했습니다

이처럼 인류는 늘 편집하며 살고 있으므로 편집의 역사는 가늠하기 어려울 만큼 넓고 깊습니다. 그 깊이란 작정하고 파고들어도 사실상 끝이 없죠. 따라서 여기서는 어디까지나 그 '표면'만을 간추려 전달하고자 합니다. 아무리 그래도 너무 간추린 것 아니냐고 할 수도 있겠지만, 전혀 모르는 것보다는 나을 것입니다.

## 가장 오래된 편집물
## 메소포타미아 벽화

인류 역사상 가장 오래된 편집물은 무엇일까요? 세계사 시간에 배웠듯, 인류 문명은 메소포타미아에서 시작되었다고 일컬어집니다. 오늘날 이라크에 해당하는 지역이죠. 그림 6-1은 바로 그 메소포타미아의 수메르 지방에서 발견된 벽화입니다.

이 벽화는 기원전 2900년 무렵에 만들어진 것으로, 이미 그림과 문자가 새겨져 있는 것은 물론 디자인 요소마저 엿보입니다. 인류는 이처럼 태곳적부터 메시지를 전달하기 위해 언어와 이미지와 디자인을 이용했습니다. 즉 문명이 탄생한 그 순간부터 편집 행위를 했다고 할 수 있겠죠.

이어지는 그림 6-2는 기원전 2000년경에 만들어진 이집트 벽화입니다. 이집트 문명은 태양신을 숭앙했으므로 이 벽화에서도 태양은 세계관의 중심에 있습니다. 또 여왕이 이미지의 정점에 그려져 있다는 것에서 이집트 문명의 계급구조도 한눈에 보입니다.

빼어난 조형미가 느껴지는 이 벽화들에서 보듯 무려 5000년도 더 전에 이처럼 잘 편집된 표현물이 있었던 셈입니다. 인간은 예전부터 메시지를 전달하려 할 때, 더 효과적으로 그것을 전하기 위해 말을 고르고 그림을 그리고 디자인을 했음을, 즉 편집 행위를 했음을 알 수 있습니다.

## 성서라는 뛰어난 콘텐츠

이어서 전 세계에서 가장 많이 유통되고 있는 콘텐츠를 살펴보겠습니다. 바로 성서입니다. 구약과 신약을 아울러, 성서는 지구상에서 가장 많이 읽히는 인쇄물입니다. 그 부수에 대해서는 다양한 설이 있지만, 영국의 『더 타임스』에 따르면 매년 약 1억 부가 발행된다고 하죠.

그림 6-3은 중세에 만들어진 『코덱스 기가스Codex Gigas』로, 현존하는 가장 거대한 성서 사본입니다. 이 책은 인쇄물이 아니라 세계에 한 권밖에 없는 필사본으로, 아름다운 서체로 치밀하게 작성되어 있죠. 또 표제어와 삽화가 포함되어 있고 별색 문자와 강조와 장식이 있는 등, 시각적 효과를 극대화하는 장치들이 디자인되어 있습니다. 인쇄술 발명 전에는 성서도 무척 잘 제작된 편집물이었던 것이죠. 이처럼 사람들은 메시지를 전달하기 위해서 온 정성을 다해 오직 단 한 권뿐인 책을 만들어냈습니다.

## 세계에서 가장 오래된 연애 에세이

그렇다면 일본에서 가장 오래된 편집물은 무엇일까요. 종이책에 한정하면 『고지키古事記』(712년)나 『니혼쇼키日本書紀』(720년)를 들 수 있습니다. 특히 후자는 나라의 주도로 만들어진 역사서입니다. 즉 일본이라는 나라의 이야기를 편집한 책인 것이죠.

그렇다면 세계에서 가장 오래된 연애 에세이는 무엇일까

요? 바로 『마쿠라노소시枕草子』입니다. 현재까지 『마쿠라노소시』이전에 쓰인 연애 에세이는 발견되지 않고 있습니다. 966년경에 쓰여졌다고 하니, 주변에서 일어난 일을 연애담 중심으로 매일 기록한 세이 쇼나곤은 세계 최초의 연애 에세이 작가인 동시에 블로거였던 셈입니다.

## 수도원은 구글이었다

『장미의 이름』이라는 책을 읽어본 적이 있나요? 이 책은 앞서도 언급한 움베르토 에코의 소설로 전 세계에서 5000만 부 이상 팔린 대형 베스트셀러입니다. 1986년에 숀 코네리 주연으로 영화화되기도 했죠. 중세 수도원에서 일어난 연쇄살인 사건을 모티브로 삼아 중세 서양 사회, 특히 그리스도교가 지배하던 사회의 구조를 잘 묘사하고 있습니다.

무대의 배경이 되는 대형 수도원 안에는 커다란 도서관이 있습니다. 이처럼 옛 수도원은 서적을 대량 소장하고 있었고, 각 분야의 전문가들이 모여 있었습니다. 즉 수도원이라는 기관은 인쇄물 보급 이전부터 도서관이자 학교, 싱크탱크이자 상담소였습니다. 온 세상의 지식을 모으고 사람들의 물음에 대답한 곳이라는 점에서, 요즘 세상의 구글 같은 존재였다고 할 수 있겠죠.

한편 당시 로마 황제는 자신의 생각에 따라 그리스도교의 교리를 바꿀 수 있었습니다. 『장미의 이름』에서도 보수파와

개혁파로 나뉜 수도사들이 특정 교리 해석을 두고 싸우다가 살인 사건이 발생하는데, 그리스도교의 교리가 바뀌면 그리스도교가 지향하는 세계관도 바뀌게 되므로, 로마 황제는 당시 그리스도교 세계를 이른바 '편집'하고 있었던 셈입니다.

저 시대에 책이라는 것은 아무나 읽을 수 없는 것이었으므로, 권력의 상징이기도 했습니다. 『장미의 이름』에서 도서관장이 수도원의 최고 권력자로 묘사된 것에는 이런 배경이 있을 테고요.

## 새 그릇에 옛 술을 담다

15세기 중반이 되자 '세상에 단 한 권뿐인 책'이라는 고귀한 존재를 깨부술 혁명이 일어납니다. 독일의 요하네스 구텐베르크라는 장인이 1445년에 활판인쇄를 발명한 것입니다.

중세인들이 '인쇄'라고 하는 혁신적 기술에 받은 충격을 묘사라도 하듯, 16세기 프랑스 작가 피에르 보에스튀오는 『세계의 극장Le Théâtre du monde』에서 이렇게 말합니다. "인쇄는 우리 영혼 속에서 생겨나는 다양한 관념을 보존하고 축적하는 법을 알고 있다."

구텐베르크가 처음에 인쇄한 것은 바로 성서였습니다. 신실한 그리스도교인이었던 그는 성서를 널리 퍼뜨리기 위해 활판인쇄를 발명한 것입니다. 이전에 존재하지 않던 새로운 콘텐츠를 인쇄하려던 게 아니었죠.

이렇게 인쇄가 탄생한 첫 2세기 동안 인쇄된 콘텐츠의 대부분은 이미 익숙한 중세 사본들이었습니다. "당시 사람들의 인쇄물에 대한 욕구는, 옛 사본을 발굴해서 인쇄하는 것으로 겨우 채울 수 있었습니다."

이런 현상은 요즘에도 볼 수 있습니다. 최근 음악 시장에서는 SHM-CD, SACD 등 고음질 CD가 발매되고 있는데, 고음질 CD로 가장 많이 팔리는 팝뮤직 아티스트가 누구냐 하면 록에서는 비틀즈, 재즈에서는 마일스 데이비스입니다. 한편 블루레이 디스크는 〈스타워즈〉가 가장 많이 팔리죠. 이미 **익숙한 콘텐츠를 새로운 매체로 누리고 싶어 하는 것이 인간의 습성**인 모양입니다. 에릭 매클루언도 이렇게 말하죠. "새로운 미디어의 내용은 늘 그 이전 미디어에 있다."

신문도 활판인쇄의 고향 독일에서 탄생했습니다. 그림 6-4는 1605년 창간된 『렐라티온Relation』입니다. 고급스러운 표지에서 보이듯, 당시 신문은 부자를 대상으로 한 고가의 정보 전달 매체였습니다.

최초의 일간신문은 1702년 발행된 영국의 일간지 『데일리 쿠런트Daily Courant』입니다. 17세기 중반에서 18세기 사이 유럽에서 등장한 커피하우스는 부르주아지들이 신문을 읽고 정치 토론을 하는 장이었죠.

19세기에는 산업혁명에 따라 대중지가 성장했습니다. 인쇄기의 발달과 롤지의 채용, 광고 게재 등이 활발해지면서 노동자 계급에게 저가로 신문을 팔 수 있게 된 것입니다.

일본에서는 에도 시대에 신문 역할을 한 가와라반瓦版이 탄생했습니다. 현존하는 가장 오래된 가와라반은 '오사카 전투大坂の陣'를 다룬 내용으로 1614년 무렵의 것입니다.

## 에도 시대 미디어 왕, 쓰타야

에도 시대는 일본의 자체 문화가 융성했던 시기였습니다. 이 시대에 일본의 첫 미디어 왕이라고 부를 만한 인물이 탄생합니다. 바로 쓰타야 주자부로蔦屋重三郎라는 인물입니다. 오늘날의 쓰타야TSUTAYA의 원조가 되는 사람이죠. 쓰타야 주자부로는 우타마로나 샤라쿠의 우키요에浮世絵를 출판해서 커다란 부를 축적했습니다. 우키요에는 오늘날의 성인물 같은 측면이 강해서 성행위를 노골적으로 묘사한 것이 많았기 때문에, 쓰타야 주자부로는 당시 경찰 격인 오캇피키岡っ引き에게 몇 번이나 체포됩니다. 훗날에는 진지한 책에도 손을 대는 등 다양한 분야로 출판 영역을 확장해서 미디어 왕이 되었죠. 이처럼 일본의 출판 비즈니스는 에도 시대에 크게 커졌습니다.

쓰타야의 창업자 마스다 무네아키는 '현시대의 쓰타야 주자부로가 되겠다'라는 일념으로 지금의 쓰타야를 일궜습니다. 그래서인지 쓰타야의 점포에 가보면 DVD, CD, 책, 게임 등 없는 게 없죠. 에도 시대 쓰타야 주자부로의 방법론을 지금 시대에 맞게 펼쳐나가고 있는 것입니다.

1871년에는 『마이니치신문每日新聞』의 전신에 해당하는 『요코하마 마이니치신문』이 한 장짜리 신문을 간행하기 시작했습니다. 이 창간호는 사진도 없이 오직 글자로만 지면이 채워져 있었죠. 신문은 메이지 시기 문명개화의 흐름을 타고 단숨에 매스미디어로 도약했습니다.

## 중개인에서 크리에이터가 된 광고

매스미디어의 발달을 이야기할 때 꼭 언급해야 하는 것이 광고입니다. 광고의 시작에 관해서는 다양한 설이 있으나, 이집트 파피루스에 기록된 상품 선전 문구가 현존하는 가장 오래된 광고라고 일컬어집니다. 요즘처럼 특정 매체의 공간을 사서('미디어 바잉media buying'이라고 합니다) 상품을 알리는 방식은 1836년 프랑스의 신문 『라 프레스La Presse』가 최초로 시도했습니다.

세계 최초의 광고대행사는 1804년 필라델피아에서 만들어졌습니다. 당시 광고대행사는 복수의 신문 공간을 일괄로 싸게 산 뒤, 클라이언트에게 비싸게 팔아 이득을 남기는 '공간 브로커' 수준이었습니다. 그러다가 1869년에 필라델피아에서 미디어 바잉부터 광고 제작까지 담당하는 광고대행사 N.W. 에이어 앤드 선이 탄생한 이후로 이런 사업 모델이 세계 광고대행사의 주류를 이루게 됩니다.

## 매스미디어가 된 라디오

이처럼 신문을 중심으로 각종 인쇄물이 매스미디어의 핵으로 떠오르는 사이, 음성 매체, 즉 라디오가 발명됩니다. 세계에서 처음으로 라디오 방송을 한 사람은 원래 에디슨 컴퍼니의 기사였던 캐나다 출신 전기기술자로, 훗날 발명가로서 500가지 이상의 특허를 취득하는 레지널드 페센든입니다. 그는 1906년 12월 24일 미국 매사추세츠주의 무선국 라디오를 통해 크리스마스 인사를 내보냈습니다. 정식으로 공공방송(이자 상업방송)이 출범한 것은 1920년 11월 2일 미국 펜실베이니아주 피츠버그에서였죠.

미국에서 라디오가 시작되고 얼마 되지 않아 일본에서도 라디오 방송이 개시되었습니다. 일본 최초로 라디오 방송국이 설립된 것은 1925년 3월 22일입니다. 사단법인 도쿄방송국(현 NHK 도쿄방송국)은 1926년 말에 천황의 용태를 연일 보도했고, 일반 시민들에게 높은 지지를 받았습니다. 같은 해 12월 25일 천황의 서거를 알린 것도 라디오였습니다. 즉 쇼와 초기에 최첨단 미디어였던 라디오가 그 역할을 담당한 것입니다. 라디오는 그 압도적인 즉시성을 살려 눈 깜짝할 사이에 세력을 넓혀갔습니다.

## 디자인은 운동이었다

인쇄의 발명과 산업혁명으로 인해 다양한 영역에서 근대화가 급속하게 진행되었습니다. 이에 따라 상품을 아름답고 매력적으로 보여주는 게 중요해졌고, 이는 인쇄물과 광고 시장의 성장으로 이어졌습니다. 자연스럽게 새로운 기술과 대량생산, 대량 복제 시대의 미학을 추구하는 사람들이 등장하며 '디자인'을 하나의 사상 운동, 예술 운동으로 이끌었죠.

20세기 초반 이탈리아에서는 미래파 운동이 일어났고 (1909년, 그림 6-5), 러시아에서는 러시아 구성주의(1910년이 정점)가 태동했으며(그림 6-6), 거의 같은 시기에 독일에서는 디자인 학교 바우하우스가 탄생했습니다. (1919년, 그림 6-7)

제1차 세계대전이 끝나고 피폐해진 독일과 영국, 산업화에 뒤처진 이탈리아, 황제에 의한 지배가 약화하며 혁명운동이 일어난 러시아 같은 나라들에서 급진적 디자인 운동이 활발했다는 것은 흥미로운 사실입니다.

이 디자인 운동은 지금까지의 구태의연한 디자인을 강하게 부정하고 20세기라는 새로운 시대의 미의식을 추구했는데, 마치 선동이라도 하듯 디자인을 통한 혁명을 부르짖었습니다. 또 인쇄물과 구상 미술뿐 아니라 연극, 영상과도 연계하는 등, 미디어를 초월한 종합예술을 지향했다는 점에서도 시대를 앞섰습니다.

지금의 그래픽디자인과 프로덕트 디자인의 기본형은 모두 이런 시도들에서 비롯되었다고 해도 무방합니다. 디자인이 사상과 기술을 넘어 운동이 되었다는 사실은 디자인 역사상, 그리고 편집의 역사에서도 무척 커다란 사건이었죠.

일본에서도 이 같은 디자인 운동에 호응하는 움직임이 생겨났는데, 얄궂게도 일본의 움직임은 전쟁 선동이라는 형태로 표현되었습니다. 그 예시가 『프런트FRONT』라는 잡지입니다. (그림 6-8~10) 이 잡지는 1931년부터 간행된 소비에트의 국가 선전 기관지인 『USSR』를 본 딴, 일본 육군의 기획이었습니다.

『프런트』는 A3라는 매우 큰 판형(일반 잡지의 판형은 A4 혹은 B5이므로 그 두 배 정도의 크기)에 고급지를 써서 고가의 인쇄기로 찍었습니다. 각종 언어로 된 판본이 발행되었는데, 많을 때는 15개 언어로 인쇄되기도 했습니다. 헤이본샤에서 나온 복각판을 살펴보면, 사진을 합성하고 조합하는 포토 몽타주 기법을 자주 쓴 게 확인됩니다. 당대의 최신 기술을 쓴 것이죠. 심지어 이 잡지의 메인 사진작가는 기무라이헤이상*의 기무라 이헤이木村伊兵衛였고, 아트디렉터는 전후 일본 타이포그래피의 기본을 만든 하라 히로무原弘였습니다.

『프런트』는 군이 막대한 자금을 써서 만든 프로파간다 잡지였지만, 디자인만큼은 국가주의 프로파간다를 넘어서는 완성도를 보여췄습니다.

---

* 일본 사진계 발전에 기여한 기무라 이헤이의 공로를 인정해 1975년 제정된 상

## 싸고 좋은 책

인쇄가 발명된 뒤에도 책은 여전히 서민에게는 고가의 물건이었습니다. 소가죽으로 된 크고 무겁고 비싼 사치품이었던 것이죠. 부자나 귀족, 일부 학자 말고는 도서관에서 읽을 수밖에 없었습니다. 이에 일본에서는 일반인들도 책을 살 수 있도록 문고본이 나왔고, 해외에서는 페이퍼백이라는 새로운 형식의 책이 등장했습니다.

서점에서 해외 원서를 보면 커버가 없고 본문이 갱지류로 된 작은 판형의 책을 많이 볼 수 있습니다. 이게 바로 페이퍼백 paperback입니다. 영국의 펭귄북스라는 출판사에서 처음 출시해서 전 세계로 퍼져나간 책의 형태죠. '창간의 말'은 펭귄북스에서 발행되는 모든 타이틀 권말에 기재되어 있는데, 내용은 이렇습니다. "빌리는 책에서 사는 책으로."

즉 과거에 책은 서민과 학생이 사기에는 좀 비싼 물건이었습니다. 철학 등 진지한 전문서는 더 구입하기 어려웠죠. 이에 펭귄북스의 창립자인 앨런 레인은 일반인도 쉽게 살 수 있도록 책을 만들면 세상에 더 유익하지 않을까 하고 생각했습니다. 그 결과 세상의 명작들을 싸게 펴낸다는 취지 아래 1935년 펭귄북스가 시작되었습니다.

책이 대중화된 또 하나의 계기는 문고본의 탄생입니다. '문고'라는 형태는 독일에서 생겨났습니다. 1867년에 자본업에 종사하던 안톤 필리프 레클람이라는 사람이 레클람 문고라는 시리즈

문고를 염가로 펴내면서부터죠. 이 시리즈의 첫 책이 괴테의 『파우스트』였다고 하니, 싸지만 내용은 명품이라고 주장하는 그 말 그대로였습니다.

한편 일본 최초의 문고인 이와나미문고는 1927년에 창간되었습니다. 이와나미문고 권말에는 늘 창간의 말 '독자에게 부침'이 실려 있는데, 이를 통해 이와나미문고의 이념을 잘 알 수 있습니다. 아래는 그 일부를 발췌한 것입니다.

"진리는 만인이 추구하기를 바라며, 예술은 만인에 의해 사랑받기를 원한다. 과거에는 민중을 우매한 채로 두기 위해 학예를 협소한 전당에 가두었다. 이제 특권계층이 독점하던 지식과 미를 빼앗아와 돌려달라는 것이, 이미 진취적이 된 민중의 절실한 요구다. 이와나미문고는 이 요구에 응답해 그 지원을 받아 탄생했다. 이 일은 생명력 있는 불후의 명작을 특정인의 서재와 연구실에서 해방시키고 세상 곳곳에 퍼뜨려서 민중과 함께하도록 하는 일이다. (중략) 이처럼 만인이 꼭 읽어야 할 고전적 가치가 있는 책을 매우 간편한 형태로 순차적으로 펴내서, 여러 사람에게 필수적인 생활 향상의 자료와 생활 비판의 원리를 제공하고자 한다."

요즘 말에 비하면 매우 고풍스러운 문체로, 즉 이와나미문고는 한정된 일부 사람의 서재와 연구실에서 책을 해방시켜 민중에게 제공하기 위해 문고라는 염가의 형식을 도입했다는 것입니다. 또 이 창간의 말은 "레클람 문고를 기준으로 삼았다"라고 명확하게 언급합니다. 그만큼 레클람 문고의 영향이 컸던 것이죠.

이러한 흐름이 있은 뒤, 일본에서도 도서 대중화는 급물살을 탑니다. 이와나미쇼텐은 1938년 일본에서 처음으로 신서판을 펴냅니다. 바로 이와나미신서입니다. 이 작업을 담당한 요시노 겐자부로는 『직업으로서의 편집자』에서 다음과 같이 말합니다.

"출판이 영어로 '퍼블리케이션publication'이듯, 출판은 원래 공적public인 일이자 공공의 것입니다."

## 상류잡지, 대중잡지

미국의 저널리즘은 제2차 세계대전 이전부터 활기를 띠었습니다. 미국의 대표적 시사지 『타임』과 『라이프』는 각각 1923년과 1936년에 창간되었죠.

한편 패션잡지 『보그』는 1892년 미국의 상류층을 대상으로 간행되었습니다. 1909년에는 타출판사의 광고 영업부장으로 성공한 프랑스계 미국인 콩데 나스트가 『보그』를 사들였습니다. 콩데 나스트는 『보그』를 여성 지향 패션지로 변화시켰고, 표지 이미지를 위해 당대 일류 삽화가와 사진가를 기용했죠. 그는 미국판이 성공하자마자 1916년에 영국판을 냈고, 연이어 스페인판, 이탈리아판, 프랑스판 등 세계 각국에서 『보그』를 펴냈습니다. (그림 6-11)

콩데 나스트가 『보그』를 만들 때는 명확한 철학이 있었습니다. 바로 상류층 대상의 잡지를 만들겠다는 것이었죠. 그는

1913년에 쓴 에세이에서 이렇게 말합니다. "상류층을 위한 출판물은 단순히 재력과 교육과 세련됨만으로 구분되는 게 아니라, 관심사에 의해 규정된다. 상류층을 위한 출판을 하려면, 그 계층으로 특정할 수 있는 그룹의 수보다 더 많은 부수를 소화해야 하는데, 일반 종합잡지가 되어버리면 결과적으로 부수가 줄어들게 되므로, 소기의 목적 달성을 가로막는 일을 피할 선견지명이 필요하다."

다시 말해『보그』는 매스미디어가 아닌 특정 계층을 위한 '클래스 미디어class media' 잡지로 존재해야 하며, 무턱대고 부수를 늘리지 말고 상류층과 그들을 선망하는 사람들의 마음을 확실히 사로잡아야 광고 수입을 통해 살아남을 수 있다는 방법론을 밝힌 것입니다.『보그』는 현재 전 세계 18개국에서 발행되고 있으며, 미국의 콩데나스트 퍼블리케이션이 보유한 정기간행물은 현재 약 30종, 월평균 총 발행 부수는 1,300만 부가 넘습니다.

제2차 세계대전 직후로는 잡지들이 봇물 터지듯 창간되었습니다. 그중에서 가장 성공한 잡지는 1953년 창간한『플레이보이』입니다. 이 잡지의 발행인은 휴 헤프너로, 대형 출판사 입사 시험에서 떨어진 헤프너는 차를 담보로 은행에서 200달러를 빌립니다. 그리고 그 돈으로 달력 회사에서 마릴린 먼로 누드 화보의 판권을 사죠. 이렇게 얻은 사진을 빌린 돈 1만 달러로 창간한『플레이보이』창간호 표지로 씁니다. 물론 창간호는 순식간에 매진되었죠.

그때까지만 해도 잡지 표지로는 부적절하다고 여긴 사진을 크게 싣고, 일류 기고가의 칼럼을 함께 게재하자 사람들이 지지를 보내준 것입니다. 『플레이보이』 1972년 12월호는 716만 1561권이나 팔렸다고 하니 참으로 경이적인 성공입니다.

여담이지만, 창간 이후 30년 동안 『플레이보이』의 아트디렉터로 있었던 아트 폴은 바우하우스의 라슬로 모호이너지에게 디자인을 배웠다고 합니다. 바우하우스의 모더니즘이 세계 최대의 누드잡지로 재탄생된 셈이죠. (그림 6-12)


## 시작은 소박했던 대형 출판사

메이지 시대 이후 일본에서도 출판사가 속속 생겨나며 출판문화의 여명기가 찾아옵니다. 아래는 일본을 대표하는 잡지의 창간사 중 한 구절입니다.

"청탁받아 말하는 데는 질렸다. 내 생각을 독자나 편집자의 눈치를 보지 않고 자유롭게 말하고 싶다. 지인 중에도 나 같은 생각을 하는 사람이 많을 것이다. 내가 알고 지내는 젊은 사람 중에는 자기주장을 하고 싶어서 안달인 사람이 많다. 우선 나를 위해, 또 그들을 위해 이 작은 잡지를 내기로 했다."

마치 블로그나 요즘 유행하는 진ZINE*에 실릴 법한 풋풋하고도 자유분방한 창간사로 보이지만, 실은 작가 기쿠치 간이 1923년 『분게이슌주文藝春秋』에 실은 '창간의 변'입니다. 『분게이슌주』창간호는 초판 3000부가 발간되자마자 매진되었고 4쇄 시점에 1만 부를 찍는 큰 성공을 거두었죠.

또 다른 대형 출판사 고단샤는 도쿄대학에서 서기 일을 하던 노마 세이지가 설립했습니다. 변사나 학생들이 남긴 연설 기록이 방치되는 걸 아깝게 여긴 노마는 대일본웅변회를 설립한 뒤, 각종 연설을 정리해『웅변』이라는 이름의 책으로 출간합니다. 창간호가 1만 4000부 팔리며 성공하자, 강연이나 강의를 읽을거리로 만든 '고단 클럽'을 창간하고 회사명을 대일본웅변회 고단샤로 바꿉니다. 다이쇼大正 시대에 접어들어서는『소년 클럽少年俱樂部』,『킹キング』,『유년 클럽幼年俱樂部』등 대중 취향의 잡지를 잇달아 창간하며 명실공히 잡지 왕국을 건설했죠.

당시 고단샤의 대표 잡지는『킹』으로, 다이쇼 14년(1925년)에 창간해 62만 부를 찍었습니다. 창간 당시 광고 카피는 "일본 최고의 재미! 일본 최고로 유익! 일본 최저 가격! 일본 최고의 판매 부수!". 여기에 '도쿄의 새 명소 순례 경쟁 주사위 놀이'라는 부록을 제공해 큰 인기를 끌었죠. 이처럼 판매 부수를 광고 문구로 활용하고, 부록으로 독자의 관심을 끄는 방식은 지금도 활용되고 있습니다.

---

\* 개인이 만드는 독립잡지

## 나치 독일, 방송에 공헌하다

텔레비전 방송의 역사는 스코틀랜드의 알렉산더 베인이 1843년에 발명한 정지 화상 전송 전기 장비에서 시작되었습니다. 1907년에는 러시아의 과학자 보리스 로징이 세계 최초로 브라운관을 통한 영상 송수신 실험에 성공했고, 1928년에는 영국의 존 베어드가 컬러 텔레비전 공개 송출에 성공합니다. 세계에서 처음 정식 텔레비전 방송을 한 나라는 독일입니다. 1935년 나치 독일은 세계에서 가장 먼저 정기 시험방송을 개시했고, 1936년 베를린올림픽을 중계했습니다.

미국은 1936년에 실험방송을 했고, 얼마 뒤인 1941년에 본방송을 시작하여 1951년에 컬러텔레비전의 시대를 열었습니다.

일본에서는 1940년으로 예정된 도쿄올림픽 중계를 위해 국가 주도로 대규모 연구가 실시되었습니다. 1939년 일본 최초로 텔레비전 전파가 송신되었으나 제2차 세계대전의 발발로 중단되었다가, 1953년에 NHK가 방송을 송출하며 다시 그 막이 열렸습니다. 이때 최초로 방송된 프로그램은 가부키 중계였다고 하는군요.

## 청년문화와 잡지

1960년대에는 비틀즈가 등장하는 등, 록 음악이 대두하고 청년문화가 만개했습니다. 그 과정에서 젊은이들이 읽고 싶은 주제를 다룬 저널리즘 잡지가 다수 창간되었죠.

1967년 미국에서는 잔 웨너Jann Wenner라는 스물한 살의 대학 중퇴생이 가족과 지인에게 빌린 7500달러를 밑천으로 음악 잡지 『롤링스톤』을 창간했습니다. 이 잡지는 지금까지도 대중문화에 지대한 영향을 미치고 있죠. (그림 6-13)

　　『롤링스톤』 창간 당시 시대 배경은 캐머런 크로 감독의 〈올모스트 페이머스Almost Famous〉(2000년)라는 자전적 영화를 보면 잘 알 수 있습니다. 이야기의 무대는 1970년대 초반으로, 영화는 『롤링스톤』의 기고자인 고교생이 어느 날 록밴드 투어에 동행 취재하면서 생기는 일을 그립니다. 영화는 그 당시 미국의 록 음악과 마약, 히피 문화 등을 경험자의 시점에서 포착해 감각적 영상으로 표현하는데, 당시 청년문화와 『롤링스톤』 태동기의 모습이 엿보입니다. 록 마니아 소년의 동정 상실기라는 점에서 이 영화는 1970년대 미국판 '모태솔로 탈출기'라고도 할 수 있겠죠.


## 미국 잡지의 영향을 받은 일본 잡지

　　미국에서 록 문화 같은 청년문화가 성행하며 관련 잡지가 잇따라 생겨나자, 일본에서도 그 영향을 받아 수많은 잡지가 탄생합니다. 대표적으로 헤이본샤(훗날 매거진하우스)가 1964년 창간한 주간 『헤이본 펀치平凡パンチ』가 있습니다. 이 잡지는 당시 젊은 세대에게 엄청난 영향을 끼쳤죠. 또 『롤링스톤』의 영향을 받은 『보물섬』과 『로킹온ROCKIN'ON』도 비슷한 시기에 창간되었습니다. 참고로 1972년 출간된 『로킹온』의 창간호 제작비는 18만 엔*이었습니다. 또 미국 서해안의 히피 무브먼트 속에서 탄생한 『홀 어스 카탈로그Whole Earth Catalog』에 영향을 받아 『메이드 인 USA 카탈로그Made in USA Catalog』(1975년)가 창간되었는데, 이 잡지는 훗날 『뽀빠이Popeye』로 발전합니다. 그 후 뽀빠이 소년, 올리브 소녀라 불리는 젊은이들마저 등장하죠. 작가이자 칼럼니스트인 나카모리 아키오가 쓴 초기의 명칼럼 중에 '보물섬 소녀와 친구가 되려면'(『도쿄 어른 클럽東京おとなクラブ』 Vol.1, 1982년)이라는 것도 있습니다. 이처럼 청년문화를 다룬 잡지는 청년문화를 가시화, 상징화하는 역할을 했습니다.

이에 더해 해외 잡지와 라이선스 계약을 맺은 잡지도 잇따라 창간되었습니다. 1970년 무렵부터 1990년대까지 프랑스의 『엘르』와 제휴한 『안안an·an』, 미국의 『인터뷰』와 제휴한 『스튜디오 보이스』, 미국의 『스포츠 일러스트레이티드』와 제휴한 『스포츠 그래픽 넘버』는 물론이고, 『플레이보이』, 『마리끌레르』, 『코스모폴리탄』 같은 잡지의 일본판도 속속 발간되었습니다.

## 인디 잡지의 탄생

1980년대 들어서는 전 세계적으로 인디 잡지가 유행

* 약 180만 원

했습니다. '인디'란 '자주 혹은 독립'이라는 뜻의 '인디펜던트 independent'라는 단어에서 파생된 말로, 젊은이들이 기성 출판사에 기대지 않고 쌈짓돈을 가지고 자력으로 잡지를 만들고자 한 것입니다.

　맨 처음에는 영국 런던에서 불이 붙었습니다. 1980년에 등장한 『아이디』와 『더 페이스』 두 잡지 모두 'DIY^Do it Yourself' 정신을 구가했던 펑크록이나 뉴웨이브 음악의 영향을 매우 강하게 받은 잡지입니다. 다시 말해 '하고 싶은 게 있으면 스스로 하라'라는 정신에 따라 만들어진 잡지인 거죠. 이런 잡지들은 음악과 패션 같은 길거리 문화에 대한 내용을 다소 조잡하나 현장성 있게 다뤘습니다.

　『아이디』 창간호를 다시 살펴보면, 가위로 자른 포지티브 필름을 셀로판테이프로 붙여서 꾸민 패션 지면을 볼 수 있는데, 난폭한 가위질과 테이프의 지저분한 질감까지 잡지의 개성으로 승화한 점이 오히려 참신해 보입니다. (그림 6-14, 15)

　1990년대에는 런던에서 『데이즈드앤컨퓨즈드』가 창간되었고(1992년), 파리에서는 『퍼플^Purple』(현재 『퍼플 패션』으로 개명, 1992년)과 『셀프 서비스^Self service』(1995년)라는 잡지가 탄생했습니다. 미국 샌프란시스코에서는 『레이건^Ray Gun』(1992~2000년)이라는 잡지도 등장했죠. 이 인디 잡지들의 공통점으로는 날카로운 디자인 미학과 새로운 재능에 늘 열려 있는 태도를 꼽을 수 있습니다.

주류가 아닌 독립 매체에서 질 좋은 잡지가 잇따라 생겨나자, 인디 잡지에서 활약하던 사진작가들이 경력을 쌓아서 『보그』 등 유명 잡지로 옮겨 가는 현상이 나타났습니다. 인디 잡지와 기업 잡지의 관계가 연극계의 오프브로드웨이*와 브로드웨이의 관계처럼 상호보완적으로 발전한 것이죠.

1990년대 이후 일본에서도 인디 잡지의 물결은 거셌습니다. 대표적 인디 잡지로는 『토키온TOKION』(1996~2007년), 『듄DUNE』(1993~2011년) 등이 있죠. 저 역시도 『컴포지트』라는 스타일 매거진(1992~2005년)을 편집, 발행한 적이 있고요.

## 미디어 역사의 큰 사건
## 인터넷 보급

미디어의 역사에서 최근 20년 사이 일어난 가장 획기적인 사건은 단연코 인터넷의 탄생입니다. 인터넷은 1960년대 미국 국방성의 분산형 통신 시스템 연구가 그 발단이었습니다. 1969년에는 미국 내 연구소들을 연결하는 컴퓨터 네트워크가 만들어졌고, 1992년에는 각각의 네트워크를 잇는 통합 시스템인 월드 와이드 웹www이 완성되었죠. 이듬해인 1993년에는 화상 열람 소

---

* 브로드웨이의 상업 연극에 반대해 브로드웨이 주변 지역에서 시도되는 연극으로, 모험적이고 실험적인 작품을 주로 올린다.

프트웨어인 '모자이크'가 탄생했고 이것이 무료로 공개되면서 인터넷은 순식간에 일반에 보급되었습니다. 참고로 야후가 생긴 게 1994년, 구글이 탄생한 것은 1998년입니다. 그 뒤 인터넷의 발전상은 여러분이 아는 바대로입니다.

1993년에는 컴퓨터 문화를 전면적으로 다룬 잡지 『와이어드』가 미국에서 창간되었습니다. 컴퓨터와 인터넷 시대의 문화 저널리즘을 표방한 이 잡지는 창간 당시 『롤링스톤』의 테크놀로지 판이라 불렸죠. 이런 것을 보면 미국의 잡지 역사가 계승되고 있음을 알 수 있습니다. 『와이어드』는 1994년에 일본판도 창간했는데, 1998년에 잠시 휴간했다가 2011년 재창간되었습니다. 『와이어드』 일본판도 창간 당시에는 인디 잡지였으나 도중에 콩데나스트 그룹에 판권이 팔렸죠.

## 누구나 에디터가 될 수 있는 시대

1995년에는 매사추세츠공과대학$^{MIT}$ 미디어연구소의 창설자 니컬러스 네그로폰테가 쓴 『디지털이다$^{Being\ Digital}$』라는 디지털 문화의 계몽서가 베스트셀러가 됩니다. 이때 유행한 말이 '아톰$^{atom}$에서 비트$^{bit}$로'라는 말이죠. 또 같은 해 하워드 레인골드는 『버추얼 커뮤니티$^{Virtual\ Community}$』라는 저서에서 지금의 소셜 네트워크 시대를 예견이라도 한 듯, 인터넷 시대의 새로운 공동체 윤리를 주장했습니다.

또 인터넷의 보급과 더불어 인터넷상의 칼럼이라 할 수 있는 블로그가 큰 영향력을 가지게 되었습니다. 미국의 블로그 미디어 사이트로 월간 방문자 수가 5000만 명이 넘는 허핑턴포스트 같은 블로그형 언론도 등장했습니다.

또 페이스북, 트위터, 일본의 믹시mixi 같은 소셜네트워크 서비스SNS의 확산도 빼놓을 수 없습니다. 사용자들이 직접 레이아웃을 설정해 정보를 정리할 수 있는 Paper.li 같은 사이트를 보면 온라인상에서 프로와 아마추어, 또 발신자와 수신자의 경계가 급격히 허물어지고 있음을 알 수 있습니다.

## 유동성과 불변성으로
## 진화하는 미디어

미디어는 끊임없이 생겨나고 계속 진화합니다. 이 진화의 궤적을 보면 몇 가지의 좌표축이 보이는데 그중 하나가 **유동성과 불변성, 즉 플로**flow**와 스톡**stock입니다. 플로는 '흐름'이며, 다시 말해 '유통'되는 것입니다. 스톡은 그 뜻에서 알 수 있듯 '보존, 저장, 흔적' 같이 '축적'되는 것입니다. 과거의 미디어가 희소성이 특징인 고급 미디어였다면 웹의 시대에 접어들며 전파나 전자의 형태로 복제된 미디어가 대량 유통되고 있죠.

전파 미디어나 온라인 기반 미디어는 기본적으로 플로형 미디어입니다. 이곳에서 저곳으로 끊임없이 정보가 흐르므로 라디오나 텔레비전은 따로 기록하지 않으면 금세 사라집니다. 반면 종이 미디어는 기본적으로 스톡형 미디어입니다. 콘텐츠는 일단 정착되면 바뀌지 않고 남습니다. 물론 신문이나 잡지는 버려지기도 하지만 마음만 먹으며 얼마든지 보관할 수 있죠. 책도 마찬가지고요. **플로형 미디어는 대량 전파에 적합하고 찰나성이 강하며, 스톡형 미디어는 축적이 용이하고 희소성**이 있어서 애착을 갖기 쉽습니다.

### 권위형과 참여형으로
### 진화하는 미디어

**미디어 진화의 또 다른 좌표축은 권위성과 참여성**입니다. 과거 미디어가 단 하나뿐이던 시대에 미디어는 매우 권위적이었죠. 인쇄술 보급 초기에도 책 가격은 비쌌고, 책을 쓰는 사람과 출판하는 사람과 그것을 구매하는 사람은 하나같이 권력이 있는 사람들이었습니다. 그러나 점차 미디어가 발전하면서 누구든지 미디어를 소유하고 참여할 수 있게 되었습니다.

가령 신문 사설란은 신문 지면 중에서 가장 권위 있는 공간인 반면, 트위터 같은 양방향 네트워크는 누구든 참여할 수 있지만 권위와는 거리가 멉니다. 굳이 권위를 따진다면 글쓴이가 누구냐에 따라 달라질 것이고요. 가령 유료 회원제 경제 정보 블로그나 유료 뉴스레터는 학식이 풍부한 경험자들이 전문성 높은 정보를 제공하므로 권위가 생기게 됩니다.

　이처럼 웹의 발전으로 다양한 경로를 통해 누구나 발언이 가능한 세상이 되었지만, 한편 사람들에게는 교양을 인정받은 권위자의 발언이 주는 확고함을 추구하는 경향이 있는 것 또한 사실입니다. 따라서 모든 미디어가 전부 참여적 성격을 갖지는 않을 것입니다. 아마도 권위형과 참여형이라는 두 갈래 속에서 각자의 위치를 찾아서 발전하게 되겠죠.


## 기록성과 창작성으로
## 진화하는 미디어

　미디어 진화의 마지막 커다란 축은, 사실 그 자체를 거짓 없이 **기록하는지 아니면 창작하는지** 여부입니다. 보도계열의 미디어, 즉 신문이나 시사 주간지 그리고 텔레비전의 뉴스 프로그램과 다큐멘터리 등은 객관적 사실의 기록을 중시합니다.

　반면 엔터테인먼트나 광고, 패션잡지 같은 미디어는 창작을 중요하게 생각합니다. 이런 미디어에서는 사실에 창작성을 가미해 정보를 매력적으로 가공하는 게 관건입니다. 아동용 책이나 영상 중 교육적 내용에 오락적 연출을 가미하는 '에듀테인먼트'라는 장르도 있습니다. 이런 미디어는 창작성과 기록성을 크로스오버한 형태인 것이죠. 하지만 미국이나 일본에서 흔히 볼 수 있는, 뉴스에 오락적 연출을 가미해 전달하는 '뉴스 쇼'(와이드 쇼라고도 합니다)는, 생각하기 나름이겠지만, 바람직하지 못한 크로스오버의 사례입니다.

프랑스의 경제학자이자 사상가인 자크 아탈리는 『미래의 물결』에서 미디어의 미래를 이렇게 예언합니다.

"개인의 요구나 관심에 초점을 맞춘 지극히 개인화된 콘텐츠가 등장하고, 개인의 관심에 부응한 문장, 음악, 영상 같은 콘텐츠가 만들어질 것이다. 이에 따라서 출판, 라디오, 텔레비전, '뉴미디어'의 구분도 점점 희미해질 것이다. 미디어는 살아남기 위해 무료, 참가형, 개인 맞춤형을 지향할 수밖에 없다."

## 미디어는 삼차원으로 진화한다

지금까지 편집의 역사를 간략하게 살펴보았습니다. 당연히 빠진 내용이 적지 않을 것입니다. 아니, 어쩌면 대개의 내용이 누락되어 있을지도 모르겠습니다. 영화 〈2001 스페이스 오디세이〉를 보면 원시시대의 인류가 뼈를 하늘로 던지자 단숨에 우주선신으로 연결되는 장면이 있는데, 여기에도 그 비슷한 비약이 있었을 것입니다. 그럼에도 편집이라는 행위는 메소포타미아 벽화에서부터 지금의 웹사이트에 이르기까지 실은 본질적으로 같은 일입니다.

인쇄술이 발명되기 전까지 편집물은 오직 단 하나뿐이었습니다. 단 하나뿐인 이 편집물을 인류는 각종 방식으로 열심히 편집했습니다. **언어와 이미지를 디자인해서 통합된 세계관을 표현해온 것**이죠. 이게 바로 제가 생각하는 편집의 기본입니다.

　　그러다가 인쇄술의 발명 뒤로 다양한 서체가 탄생했고, 일러스트나 사진까지 편집에 포함되면서 편집 디자인이 비약적으로 발전합니다. 앞서 소개한 독일에서 발행된 세계 최초의 신문을 보면 인쇄술이 첫선을 보인 시기인데도 아름답게 디자인되어 인쇄된 것을 볼 수 있습니다. 이러한 인류의 예지가 모여서 지금의 편집이 존재하는 것입니다.

　　이제 **미디어는 플로와 스톡, 권위와 참여, 기록과 창작이라는 세 가지 좌표축 안에서 삼차원으로 진화 중**입니다. 그렇다면 이런 21세기에 편집을 하는 우리는 도대체 어디에 기준을 두고 작업을 해야 할까요? 이런 역사적 관점으로 편집을 바라봐야 비로소 그 방향이 어렴풋하게나마 보일 것입니다. 저 또한 편집 과정에서 어려움을 겪을 때마다 늘 이 시점으로 되돌아가곤 합니다.

# 나가며

가끔은 '어째서 내가 이처럼 편집이라는 행위에 빠져 있을까' 생각할 때가 있습니다. 아마 그 이유 중 하나는 어렸을 때 말을 더듬었기 때문일 겁니다.

"말로 소통이 되었다면 이 무거운 카메라를 들고 다니지도 않았겠죠."

미국의 다큐멘터리 사진작가 루이스 하인의 말입니다. 저 또한 말이 유창했다면 굳이 각종 요소를 활용해 커뮤니케이션하는 편집 일을 생업으로 삼지 않았을지도 모릅니다. 이제 와서 새삼스럽게 '말더듬이'였다는 사실을 밝히는 이유는, 이제 보통 수준은 되지 않았는가 하고 생각해서입니다. 여전히 사람들 앞에서 말할 때 불편을 느끼긴 하지만, 그 불편을 극복하고자 최근 몇 년, 사람들 앞에게 편집 강의를 하면서 스스로를 북돋우고 있습니다. 마이크 타이슨을 필두로, 어린 시절 따돌림을 당한 아이들이 격투가가 되는 것과 비슷한 경우인지도 모르겠군요.

이 책은, 언젠가 젊은이들을 위한 편집론을 써야겠다고 생각한 지 10년 만에 나온 책입니다. 제가 이 세계에 들어왔을 때 지침이 되는 책을 간절히 원했듯, 이 막막한 세계에 들어온 젊은이들에게 이곳에서 살아남는 법을 알려주는 책을 만들고 싶었던 것이죠. 일반적 편집 이론과는 조금 다른, 대체품 같은 것이 될지라도, 편집에 대한 사고를 확장할 수 있는 책을 쓰고 싶었습니다.

아날로그 종이 편집(펜과 원고지, 포지티브 필름과 사진 식자기)과 디지털 편집(개인 컴퓨터와 웹, 디지털카메라와 전자 편집 프로그램)을 다 겪었기에, 이 둘을 아우르는 중간자의 시점으로 이야기를 풀어가려 했는데, 사람들 앞에서 편집에 대해 말할 기회가 점차 늘면서 그 역사를 더 깊이 공부하다 보니, 편집의 원칙에는 주류도 아류도 없으며 예부터 지금까지 편집은 본질적으로 변한 게 없다는 결론에 이르렀습니다. 그렇다면 편집을 관통하는 동서고금의 원리 원칙을 밝히고, 오늘날 그 원칙들을 응용할 수 있도록 돕는 책을 만들자고 생각했죠.

그런데 정작 책이 만들어지고 나자 당초 집필 의도를 얼마나 실현했는지 내심 걱정이 되더군요. 실로 저의 한계와 편향을 뼈에 사무치게 느낀 작업이었습니다. 그럼에도 한 치의 거짓도 없이 말하자면, 저는 이 책에서 제 능력 안에서 할 수 있는 모든 것을 다했습니다. 더 많이 공부해서 더 많은 자료를 더하고 싶은 욕심도 있었지만, 모든 일에는 적정선이라는 게 있는 법이죠.

당연히 이 책을 보는 다른 편집자들은 '이게 빠져 있는데, 저것도 언급해야 하는데' 하며 다양한 의견과 충고를 보낼 것입니다. 하지만 '들어가며'에서 밝혔듯 이 책은 편집이라는 정보 요리법에 대한 저 나름의 레시피집입니다. 요리의 세계에는 요리사의 수만큼 다양한 레시피가 있고, 그것이 요리의 다양성으로 발현되어 우리의 입맛을 풍요롭게 합니다. 마찬가지로 세상의 모든 편집자가 저마다 자기의 편집론을 책으로 펴낸다면 편집의 세계에 얼마나 활기가 돌지 생각만으로도 흥분됩니다. 그런 의미에서 이 책이 편집의 활성화에 조금이라도 도움이 된다면 더 바랄 나위가 없겠습니다.

마지막으로 노벨문학상을 수상한 페루 작가 마리오 바르가스 요사의 『젊은 소설가에게 보내는 편지』에서 한 구절을 소개하며 이 책을 마무리하겠습니다. 부디 소설이라는 단어를 편집이라는 단어로 바꿔 읽어주시기를.

"친애하는 벗이여, 내가 지금까지 말한 소설 형식일랑 잊고 그저 소설을 쓰시기 바랍니다."

# 참고문헌

## 1장: 기획
### 기획이 느껴지지 않아야 좋은 기획

『フィガロ・ジャポン』特集「ロンドン最新ガイド」2011年8月号

『ヴォーグ・ジャパン』特集「最新モードはミュージシャンがお手本」2011年10月号

『ダイム』特集「夏の最新スマートフォン全20モデルガチンコ検証」2011年6月7日号

『ブルータス』特集「安藤忠雄があなたの家を建ててくれます」2000年11月1日号

『ブルータス』特集「どうせなら, 日本人のいないリゾートへ」1999年7月15日号

『メトロミニッツ』特集「トーキョーハッピーアワー」2009年8月号

『バーン！』特集「OPETH: スウェーデンの賢者, デス・メタルに別れを告げて新境地開
　　拓！」2011年10月号

『バーン！』特集「TANKARD: 新作をリリースしたドイツの大酒飲みスラッシャーズを
　　突撃！」2011年8月号

『アンアン』特集「いまこそ髪を切ろう！」1989年6月9日号

「写楽」編集部『日本国憲法』小学館 1982年

白取春彦『超訳 ニーチェの言葉』ディスカヴァー・トゥエンティワン 2010年

細野晴臣『地平線の階段』八曜社 1979年

岩崎夏海『もし高校野球の女子マネージャーがドラッカーの『マネジメント』を読んだ
　　ら』ダイヤモンド社 2009年

『THE FACE』特集「SPECIAL 90s THE FUTURES ISSUE」1989年12月号

『リバティーンズ』特集「twitter最終案内」2010年5月号

安藤忠雄『建築を語る』東京大学出版会 1999年

『VOGUE PARIS』特集「Mise enscée: Sofia COPPOLA」2004年12月 /2005年1月号

『VANITYFAIR』特集「TOMFORD'S HOLLYWOOD」2006年3月号

『A MAGAZINE』#1 Curated by MAISON MARTIN MARGIELA 2002年2月

『デザインの現場』特集「トウキョウ・ポップ・アンセム」1994年10月号

『広告批評』特集「ファッション・コミュニケーション：ファッションは伝わっているか？」
　　　2006年9月号

『HK2001』光琳社出版 1997年

『メトロミニッツ』特集「羽田なう」2010年10月号

『メトロミニッツ』特集「NEWふるさとツーリズム」2011年9月号


## 2장: 언어
### 주목을 사는 도구로서의 글
---

『小悪魔 ageha』特集「1人でできる詐欺集中ゼミナール!!」2011年2月号

『文藝春秋』2011年1月号

福沢諭吉『学問のすゝめ』岩波文庫 1978年

宇能鴻一郎『むちむちぷりん』徳間文庫 1985年

柴田元幸『翻訳教室』新書館 2006年

福田和也『作家の値うち』飛鳥新社 2000年

永江朗『〈不良〉のための文章術』NHKブックス 2004年

広告批評編『糸井重里全仕事 広告批評の別冊3』マドラ出版 1983年

広告批評編『秋山晶全仕事 広告批評の別冊5』マドラ出版 1985年

『ミーツ・リージョナル』特集「トリのトリコ」2009年12月号

『ミーツ・リージョナル』特集「木屋町先斗町だけどす」京阪神エルマガジン社 2010
　　　年10月号

『ミーツ・リージョナル』特集「ユルく優しくラブ濃厚，今日も「ただいま」オカン店」2010
　　　年5月号

『ミーツ・リージョナル』特集「熱いぜ，チーズ」2010年2月号

『ミーツ・リージョナル』特集「本屋の逆襲！」2011年7月号

『ミーツ・リージョナル』特集「鶴橋ワンダーランド」2011年9月号

『ブルータス』特集「スコセッシさん，ディカプリオさん，映画は，儲かりまっか？」2001年
　　　12月1日号

『ブルータス』特集「大人の会社見学」2004年2月15日号

『ブルータス』特集「みんなのヨガ」2005年6月1日号

『ブルータス』特集「決定 日本一の"手みやげ"はどれだ!?」2005年9月1日号

『ブルータス』特集「世界で一番おいしい牛肉が食べられるのは日本です」2006年10月15日号

『ブルータス』特集「脳科学者ならこう言うね!」2007年2月1日号

『ブルータス』特集「全国民に捧げる読売巨人軍特集」2009年7月1日号

『ブルータス』特集「職人, 高くていいもの」2010年10月1日号

『週刊文春』特集「チリ33人"奇跡のドラマ"地下700メートルの"愛と裏切り"」2010年10月28日号

『週刊新潮』特集「バッジがなければただの人! "落選候補"冴えない転職大作戦」2010年8月5日号

『コンポジット』特集「デフレ・シック」2002年3月号

『コンポジット』特集「インターナショナル編集会議」2001年10月号

『コンポジット』特集「上海コンテンポラリー」2004年8月号

『コンポジット』特集「モードなカラダ」2005年4月号

池上彰『伝える力』PHP研究所 2007年

出口宗和『読めそうで読めない間違いやすい漢字』二見書房 2008年

香山リカ『しがみつかない生き方—「ふつうの幸せ」を手に入れる10のルール』幻冬舎 2009年

嶋浩一郎『ブランド「メディア」のつくり方—人が動くものが売れる編集術』誠文堂新光社 2010年

『WWD』「Deco Delight」2011年1月4日号

『WWD』「Two Fur One」2010年12月28日号

『WWD』「Cool Academy」2010年12月14日号

『Texas Monthly』2007年1月号

『New York Magazine』「The Governor's Fall」2008年3月24日号

高橋源一郎『13日間で「名文」を書けるようになる方法』朝日新聞出版 2009年

『COBS ONLINE』トレンドサプリ「糸井重里インタビュー 読み手に伝わる文章の極意」http://cobs.jp/jijinews/trend/2010/09/post_460.html

**축적되어 촉발하는 이미지**

スーザン・ソンタグ著 近藤耕人訳『写真論』晶文社 1979年

フランク・ホーヴァット著 吉山幸夫訳『写真の真実』トレヴィル 1994年

ホンマタカシ『たのしい写真—よい子のための写真教室』平凡社 2009年

Annie Leibovitz 『Annie Leibovitz at Work』 Random House 2008年

TOKYO FM 『トウキョウ・カウンシル』司会: 菅付雅信 ゲスト: Sean Lennon/ Charlotte Kemp Muhl 2010年11月26日放送

『映画.com』特集「キル・ビル」元ネタ辞典 http://eiga.com/movie/1099/special/

『W MAGAZINE』特集「Fantastic Women（AND TOM HANKS!）」2011年6月号

『W MAGAZINE』特集「MUSIC&STYLE」2011年7月号

『NATIONAL GEOGRAPHIC』特集「China INSIDE THE DRAGON」2008年5月号

Nan Goldin 『I'll Be Your Mirror』 Scalo Publishers 1996年

『COLORS 78』特集「DANCE」2011年9月号

『ぐるりのこと』監督: 橋口亮輔 出演: 木村多江, リリー・フランキー 2008年

David La Chappelle 『La Chapelle Land』 Callaway 1996年

Tim Walker 『I Love Pictures!』 Hatje Cantz Publications 2008年

天野祐吉『広告伍千年史』新潮社 2003年

Jean-Paul Goude 『So Far, So Goude』 Editions Assouline 2006年

ハンス・ウルリッヒ・オブリスト『インタビューズ』邦訳: 前田岳究+山本陽子 発行: ジェイ・チュン&キュウ・タケキ・マエダ, Verlag der Buchhandlung Walther Köig 2010年

IKEA 『EXPEDIT』取扱説明書

『Big magazine』No.18 Nick Knight-War 1997年

『DAZED & CONFUSED』1998年12月号

『Esquire』特集「The Passion of Muhammad Ali」1968年4月号

『Esquire』特集「The masculinization of the American woman.」1965年3月

『Esquire』特集「Nixon's last chance」1968年5月

『Esquire』特集「"Oh my God-we hit a little girl."」1966年10月号

『VANITY FAIR』特集「MORE DEMI MOORE」1991年8月号

『Rolling Stone』1980年12月号

『デザインの現場』特集「ニューヨーク・ニューイメージ」1995年6月号

浅田政志『浅田家』赤々舎 2008年

レオ・レオーニ著 藤田圭雄訳『あおくんときいろちゃん』至光社 1984年

『コンポジット』特集「世界同時的イラスト革命!」2003年4月号

『Harper's BAZAAR』1993年12月号

『W』2011年7月号

Jonas Storsve『Andreas Gursky』Centre Georges Pompidou Service Commercial
　　2002年

篠山紀信『Tokyo Addict』小学館 2002年11月

篠山紀信『ROPPONGIHILLS × KISHIN SHINOYAMA』幻冬舎 2006年

アン・リー監督『グリーン・デスティニー』ソニー・ピクチャーズ エンタテインメント
　　2007年

Jurgen Teller『Jurgen Teller』TASCHEN 1997年

鶴田直樹『19 Rooms』赤々舎 2009年

井上嗣也『井上嗣也 世界のグラフィックデザイン64』ギンザグラフィックギャラリー
　　2005年

『メトロミニッツ』特集「NEWふるさとツーリズム」2011年9月号

## 4장: 디자인

### 디자인은 형식이 메시지다

山本直樹『レッド』講談社コミックスデラックス 2007年～

ダニエル・J・ブアスティン著 伊藤紀子,立原宏要訳『創造者たち』上下巻 集英社
　　2002年

Kerry William Purcell『ALEXEY BRODOVITCH』PHAIDON 2002年

山口昌男『歴史・祝祭・神話』中央公論新社 1978年

『i-D』特集「DISARM」2010年冬号

『コンポジット』特集「ファッションは流行っているか?」2004年10月号

『クウネル』2010年7月号

『Martha Stewart Living』2006年5月号

『Martha Stewart Living』2006年4月号

『THE FACE』特集「Love Sees No Colour」1992年5月号

『Harper's BAZAAR』1993年8月号

松井みどり『「芸術」が終わった後の「アート」』朝日出版社 2002年

山室一幸『ブランド・ビジネス』朝日出版社 2002年

仲俣暁生『ポスト・ムラカミの日本文学』朝日出版社 2002年

大久保賢一『二極化する世界映画』朝日出版社 2002年

『カーサ・ブルータス』特集「世界が注目する建築家, SANAAを知っていますか?」
　　2010年11月号

『Wallpaper』特集「TOP 200」2010年11月号

『Harper's BAZAAR』1997年3月号

『エココロ』特集「キレイな人はエココロしてる」2005年12月号

『THE FACE』1999年12月号

『THE FACE』2000年8月号

『17歳のカルテ』パンフレット ソニー・ピクチャーズエンタテインメント 1999年

セルゲイ・エイゼンシュテイン監督『戦艦ポチョムキン』IVC Collection 1925年

『ブルータス』特集「黄金のアフリカ」1983年4月1日号

『VANITY FAIR』特集「Calvin Klein Jeans」別冊 1991年10月号

TRUCK FURNITURE『家具をつくる, 店をつくる そんな毎日―MAKING TRUCK―』
　　アスペクト 2006年

『翼の王国』ANA 2005年1月号

『COLORS No. 79』特集「COLLECTOR」2010/2011年冬号

仲條正義『花椿ト仲條 Hanatsubaki 1968-2008』ピエ・ブックス 2009年

『エスクァイア日本版』特集「スティーヴン・キング, 闇の王国へ」1992年9月号

『リバティーンズ』Vol.2 特集「カルチャーは店頭から生まれる」2010年7月号

『honeyee.com』www.honeyee.com/

『SHOWstudio』showstudio.com/

『Novaplanet』www.novaplanet.com/

『commmons』www.commmons.com/ 坂本龍一+エイベックスグループ

Scott Thomas『Designing Obama』Post Press 2009年

マイケル・クローガー著『ポール・ランド, デザインの授業』ビーエヌエヌ新社 2008年

Philippe Starck quotes http://thinkexist.com/quotes/philippe_starck/

## 5장: 인생 편집
### 편집은 넘어선다

『ArtReview』「Power 100」2009年11月号

『The Telegraph』「Hans Ulrich Obristinterview for Serpentine Gallery's Map Marathon」2010年10月8日

『TV Bros.』特集「リアルタイム・ウェブの台頭 事件はDOMMUNEで起きている」2011年5月15日号&同名アプリ

『The New York Times』2007年3月26日号

佐々木俊尚『キュレーションの時代─「つながり」の情報革命が始まる』筑摩書房 2011年

菅付雅信『編集天国』ピエブックス 2009年

『rockin'on』特集「LADY GAGA─21世紀のクイーン・オブ・ポップ, 降臨!」2010年6月号

『The Style Rookie』thestylerookie.tumblr.com/

矢沢永吉『成りあがり』小学館 1978年

『マーマー・マガジン』No.13 2011年 http://murmurmagazine.com/


## 6장: 편집의 아름다움
### 매력적인 원칙을 세우기 위해

フィリップ・ボール著 林大訳『かたち 自然が創り出す美しいパターン』早川書房 2011年

芥川也寸志『音楽の基礎』岩波新書 1971年

坂本龍一『音楽は自由にする』新潮社 2009年

ダン・ブラウン著 越前敏弥訳『ダ・ヴィンチ・コード』上下巻 角川書店 2004年

藤原えりみ『西洋絵画のひみつ』朝日出版社 2010年

エイミー・チュア著 徳川家広訳『最強国の条件』講談社 2011年

ウンベルト・エーコ, ジャン＝クロード・カリエール著 工藤妙子訳『もうすぐ絶滅するという紙の書物について』阪急コミュニケーションズ 2010年

ジョルジュ・ジャン著 矢島文夫監修『文字の歴史』創元社 1990年

岡部公正監修『世界デザイン史』美術出版社 1995年

マーシャル・マクルーハン著 森常治訳『グーテンベルクの銀河系―活字人間の形成』みすず書房 1986年

マーシャル・マクルーハン/エリック・マクルーハン著 中澤豊訳『メディアの法則』NTT出版 2002年

ウンベルト・エーコ著 河島英昭訳『薔薇の名前』東京創元社 1990年

『古事記』岩波文庫 1963年

『日本書紀』1～5 岩波文庫 1994年

清少納言『枕草子』岩波文庫 1962年

World Association of Newspapers  http://www.wan-press.org/

Jackson Lears, T. J. Jackson Lears『Fables of abundance: a cultural history of advertising in America』

水野忠夫『ロシア・アヴァンギャルド 未完の芸術革命』PARCO出版局 1985年

利光功『バウハウス―歴史と理念』美術出版社 1988年

ギリアン・ネイラー著 利光功訳『バウハウス』パルコ出版 1977年

多川精一『戦争のグラフィズム 回想の「FRONT」』平凡社 1988年

ブライオニー・ゴメス＝パラシオ&アーミン・ヴィト『グラフィック・デザイン 究極のリファレンス』グラフィック社 2010年

Penguin Books website http://www.penguin.co.uk/

吉野源三郎『職業としての編集者』岩波書店 1989年

猪瀬直樹『マガジン青春譜―川端康成と大宅壮一―』小学館 1998年

金平聖之助『アメリカの雑誌 1888 ～1993』日本経済新聞社 1993年

常盤新平『アメリカの編集者たち』集英社 1980年

Conde Nast Publications
    http://en.wikipedia.org/wiki/Condé_Nast_Publications

ロバート・ドレイバー著 林田ひめじ訳『ローリング・ストーン風雲録―アメリカ最高のロック・マガジンと若者文化の軌跡』早川書房 1994年

キャメロン・クロウ監督『あの頃ペニー・レインと』ソニー・ピクチャーズ 2000年

渋谷陽一『音楽が終った後に』ロッキング・オン 1982年

山崎浩一『雑誌のカタチ—編集者とデザイナーがつくった夢』工作舎 2006年

『東京おとなクラブ』Vol.1 1982年

『ロッキング・オン』特集「レディー・ガガ」ロッキング・オン 2010年6月号

Terry Jones編『Smile i-D: Fashion and Style: The Best From 20 Years of i-D』
　　TASCHEN 2001年

『THE FACE』1993年8月号

『ワイアード日本版』創刊号 1994年

ニコラス・ネグロポンテ著 福岡洋一訳『ビーイング・デジタル』アスキー 1995年

ハワード・ラインゴールド著 会津泉訳『バーチャル・コミュニティーコンピューター・ネ
　　ットワークが創る新しい社会』三田出版会 1995年

ジャック・アタリ著 林昌宏訳『21世紀の歴史』作品社 2008年

Ebook2.0 Forum「雑誌のサバイバル戦略(1): もし雑誌が消えたら」
　　http://www.ebook2forum.com/2011/06/survival-strategy-of-
　　magazines-1/

**도쿄의 편집**

에디터·크리에이터를 위한 편집력 강의

초판 1쇄 발행 2022년 12월 12일
초판 2쇄 발행 2023년  4월 14일

지은이 스가쓰케 마사노부
옮긴이 현선
마케팅 권지은
펴낸이 박지석
펴낸곳 도서출판 항해

전화 070-4233-6884
팩스 0505-333-6884
이메일 hhbooks@naver.com
블로그 http://blog.naver.com/hhbooks
페이스북 facebook.com/h2book

ISBN 979-11-91981-04-9 03070

* 도서출판 항해는 독자 여러분의 참신한 원고를 기다립니다.
  한 권의 책으로 완성될 수 있는 기획과 원고가 있으신 분은
  연락처와 함께 위의 이메일 주소로 보내주세요.